簡単なのにごちそう。
和とアジアのオーブンレシピ

なじみの味だから美味しい!
ごはんにあう 新・オーブン料理

ワタナベマキ

オーブン料理＝
「洋食」「パンにあうおかず」と
思っていませんか？

切って、並べて、ほうりこむだけでおいしく簡単に仕上がる。
火加減の調節も無用、加熱している間そばについている必要もなし。
耐熱容器で焼けば、大皿料理としてそのまま食卓に出せるので
洗いものも少なくてすむ。
そんな魅力が浸透して、
最近、家庭で作るオーブン料理の人気が高まっています。

でも、オーブンで料理は
「ちょっとおしゃれな洋食」や「パンとあう料理」が多いから、
毎日のごはんのおかずとしては出番が少ない。
そう感じている方も多いよう。

そこで、この本では、ごはんと相性のよい
和とアジアンテイストのオーブン料理をご紹介します。

食材はなるべく少なく、手間も少なく、
しょうゆやみそなどのなじみのある調味料を使った
食べなれた和食をメインに。
おいしいけれど
使いきれずなんとなく残ってしまっていることも多い
アジアのしょうゆ、ナンプラーを使ったメニューもたくさんあります。

いつもの食材で、食べなれた味。
それでいて、好奇心をそそるメニュー。

そんな「和とアジアのオーブン料理」が
新しい家庭料理として、
皆さんの日々の献立作りの一助になれたら幸いです。

毎日の食卓はもちろん、
おもてなしのシーンにもピッタリですから
ぜひ活用してくださいね。

Contents

Part.1 メイン食材 2品 新・ごちそう焼き
なじみのある食材で新しい味

- 08 カジキと赤玉ねぎのレモンナンプラー焼き
- 10 豚バラ肉とさつまいもの塩山椒焼き
- 12 オイルサーディンと長ねぎの黒酢ラー油焼き
- 14 豚肉とピーマンの甘みそ焼き
- 16 カキと生ハムのすだち焼き
- 18 サンマと長ねぎの梅大葉焼き
- 20 ホタテとしいたけの柚子こしょうマヨネーズ焼き
- 21 かぶと牛肉のコチュジャン焼き
- 22 豚肉とごぼうの和風ミートローフ
- 23 タラと白菜のカマンベールしょうゆ焼き
- 24 鶏肉と甘長唐辛子のてり焼き
- 25 イカとセロリのパクチーだれ焼き
- 26 スペアリブとれんこんのはちみつマスタード焼き
- 27 サケときのこの生わさび焼き
- 28 手羽先とじゃがいもの豆板醤焼き

Part.2 メイン食材 1品 新・家庭料理
冷蔵庫にあるものでちゃちゃっと

- 40 トマトのねぎ酢じょうゆ焼き
- 42 アボカドの酒かす焼き
- 44 イワシのアジア焼き
- 46 里いものピーナッツバターソース焼き
- 48 長ねぎの塩昆布焼き
　　 長いものゆずオイル焼き
- 49 紫キャベツのレモン焼き
　　 ビーツのコチュジャンマリネ焼き
- 52 なすのサワークリーム山椒焼き
- 54 エリンギの明太だれ焼き
- 55 しいたけの辛み焼き
- 56 キャベツの桜エビオイル焼き
- 58 れんこんのみそカッテージチーズ焼き
- 59 じゃがいものチーズクミン焼き
- 60 丸ごと玉ねぎの豆豉(トウチ)焼き
- 61 にんじんのクミンパン粉焼き
- 62 かぼちゃのナンプラー酢焼き
- 63 梅豚
- 64 エビのガーリックしょうゆ焼き
- 65 ムール貝のレモン焼き

Part. 3

思わず歓声があがる！
メイン食材 **3** 品以上
新・スターレシピ

- 76　鶏肉と栗のレモングラス焼き
- 78　豚肉ときのこのザーサイマリネ焼き
- 80　カジキとじゃがいも、いんげんの七味焼き
- 82　ビーツと豚肉のラー油にんにく焼き
- 83　豚と野菜のオイル焼き、カツオ節風味
- 84　タイのレモンスパイス塩釜
- 86　サケとアサリの紙包み焼き
- 87　鶏手羽のオイスター紙包み焼き
- 90　牛肉となすの和風ムサカ
- 92　牛肉とれんこんの塩麹焼き
- 94　きのことソーセージのもちピザ

和とアジアのかわりグラタン

- 30　カリフラワーとマッシュルームの豆乳みそグラタン
- 32　さつまいもと白いんげん豆のグラタン
- 33　かぼちゃとパプリカのココナッツグラタン
- 34　なすのトマトみそグラタン
- 35　じゃがいもと長ねぎの白みそグラタン
- 36　桃とシナモンの豆乳グラタン
- 37　バナナの黒糖グラタン

ごはんが主役のオーブン料理

- 66　ひじきとごぼうのドリア
- 68　タラコときのこのドリア
- 69　アサリとたけのこのドリア
- 70　長ねぎと鶏肉の白みそ山椒ドリア
- 71　パクチー焼きおにぎり
- 72　和パエリア
- 73　ビビンパ

- 06　この本のやくそくごと
- 38　黒ごまあんこ巻きのグリル
- 74　ココナッツミルクのフレンチトースト
- 95　この本で使う耐熱容器とオーブン用の道具

◎この本のやくそくごと

【食材について】
バターは有塩です。
生クリームは、基本的に動物性のものを使用しました。

【計量について】
1カップは200ml、大さじ1 = 15ml、小さじ1 = 5mlです。

【電子レンジの加熱時間について】
600Wの電子レンジを使用した場合です。
500Wなら1.2倍を目安にしてください。

【温度設定について】
電気オーブンで作った場合の目安を記載しましたが、
機種によって熱量や熱の入り方が違うので、
ご自分のオーブンのくせをつかむまで様子をみながら焼いてください。
ガスオーブンの場合は、本書のレシピよりも
10〜20℃低めに設定してみてください。

【予熱について】
基本的には、予熱中に食材を入れないこと。
徐々に温度が上がる間に素材に火が入ってしまうとおいしく仕上がりません。
完全に庫内が指定の温度に達してから、食材をセットしてください。

【予熱時に天板を入れる場合】
耐熱容器に食材を入れて焼く場合は、予熱時に天板もセットして温めます。
天板に食材をのせて焼く場合は、天板はセットしません。

【焼きがあまかった場合】
焼きあがったものをチェックして、加熱があまかった場合、
いっきに5分も焼いたりせず、1〜2分ずつ加熱して
焼き加減をチェックすると失敗がありません。

【表面がこげてきた場合】
中まで火が通っていない状態で、表面がこげてきた場合は、
途中でアルミ箔をかぶせて焼きます。

【レシピと違う分量を作る場合】
本書のレシピよりも多い、または少ない量を作りたい場合、
耐熱容器の中の密度が同じくらいであれば、
どちらも設定温度、加熱時間とも基本的に同じで大丈夫です。

【同じサイズの耐熱容器がない場合】
調味液をたっぷりかけるレシピでなければ、
天板にオーブンシートを敷き、その上に材料をのせて焼いてもよいでしょう。

Part.

1

メイン食材**2**品
新・ごちそう焼き

なじみのある食材で新しい味。

肉と野菜、魚介と野菜などメイン食材2品を組み合わせて作れる、
和、そしてアジアンテイストのメニューをご紹介します。
キッチンにある調味料や使いなれた食材を使いながらも
好奇心をくすぐる組み合わせで、食べたことのない味をご提案。
日々のごはん作りに、今すぐ役立つレシピばかりです。

Before

カジキと赤玉ねぎの
レモンナンプラー焼き

ナンプラーとレモンの相性はとてもいいので、
大好きな組み合わせ。さらに玉ねぎの甘みともよくなじんで、
淡白なカジキをおいしく食べられます。
魚の水けをよくふきとってから調理することがポイント。

Recipe（3～4人分）

写真は24×20cmの耐熱容器を使用

カジキマグロ…小6切れ（500g）
赤玉ねぎ…½個（70g）
にんにく…1片
レモン（国産）…1個
青唐辛子（あれば）…1本
パクチー…適量
粗挽き黒こしょう…少々
A
│ 白ワイン…大さじ3
│ ナンプラー…大さじ2
│ オリーブオイル…大さじ2

【下準備】
・オーブンを210℃に予熱する。

1. 切る
赤玉ねぎとにんにくを薄切りに、レモンを薄い輪切りに、青唐辛子を縦半分に切る。

2. 並べる
カジキマグロは水けをふき、耐熱容器に並べる。1を重ね入れ、合わせたAをまわしかけ、粗挽き黒こしょうをふる。

3. 焼く
210℃に予熱したオーブンで10分焼き、パクチーを添える。

Memo
・カジキをタラにかえてもおいしい。その場合は、タラに塩少々をふり、出てきた水けをよくふいて210℃に予熱したオーブンで10分焼きます。
・赤玉ねぎではなく、玉ねぎで作ってもおいしい。

メイン食材2品：カジキマグロ、赤玉ねぎ

Before

豚バラ肉とさつまいもの塩山椒焼き

甘いさつまいもと豚バラの相性のよさをいかしたメニュー。
豚バラの脂と旨みを吸収したさつまいもは、とてもおいしい。
粉山椒をふってピリッとアクセントをつけることで
大人っぽい味に仕上げました。

Recipe（2〜3人分）

写真は24×20cmの耐熱容器を使用

豚バラ薄切り肉…10枚
さつまいも…1本（500g）
薄力粉…大さじ2
酒…大さじ2
塩…小さじ⅔
ごま油…大さじ1
粉山椒…適量

【下準備】
・オーブンを210℃に予熱する。

1. 切る
さつまいもは1.5cm角の棒状10本に切り、ラップで包んで電子レンジ（600W）で7分加熱する。

2. 並べる
豚バラ肉を広げ薄力粉を薄くはたき、1を手前にのせて巻く。

3. 焼く
耐熱容器に2の巻き終わりを下にして重ならないように並べ、酒、塩、ごま油をふり入れ、210℃に予熱したオーブンで10〜12分焼く。仕上げに粉山椒をたっぷりとふる。

Memo
・塩だけで作ってもおいしいので、山椒と塩の2種の味を楽しんでも。

Before

オイルサーディンと長ねぎの黒酢ラー油焼き

缶詰を使って手軽に作れるひと品です。
オイルサーディンに、香味野菜をたっぷりのせて焼くだけ。
黒酢でコクと酸味を加え、赤唐辛子でピリ辛仕立てに。
ごはんのおかずにも、おつまみにもなり、何かと重宝するひと品です。

Recipe（2〜3人分）

写真は24×20cmの耐熱皿を使用

オイルサーディン…2缶（300g）
長ねぎ…1本
A
　にんにくのみじん切り…1片分
　しょうがのみじん切り…1片分
　紹興酒（酒でも可）…大さじ2
　黒酢…大さじ2
　しょうゆ…大さじ1
　粗挽き赤唐辛子…小さじ2
　ごま油…大さじ2
　ラー油…小さじ2

【下準備】
・オーブンを220℃に予熱する。

1. 切る
長ねぎは6cm長さの筒切りにし、さらに縦半分に切り、Aであえる。

2. 並べる
耐熱皿にかるく汁けをきったオイルサーディンを並べ、1を汁ごとのせる。

3. 焼く
220℃に予熱したオーブンで10分焼く。

Before

豚肉とピーマンの甘みそ焼き

甜麺醤にみりん、そしてごま油と、
ホイコーローを思わせる甘くこっくりとした味わい。
赤と緑の2色のピーマンを使うことで、彩りあざやかになり
ごちそう感がアップしますが、もちろん1色でもおいしく作れます。

Recipe（2〜3人分）

写真は長径25cmの楕円形耐熱容器を使用

豚ロース厚切り肉（トンカツ用）
　…3枚（600g）
ピーマン（赤、緑）…10〜11個（合わせて）
しょうが…1片
にんにく…1片
A
　みりん…大さじ2
　甜麺醤…大さじ2
　しょうゆ…大さじ1½
　ごま油…大さじ2
　塩…小さじ¼

【下準備】
・オーブンを200℃に予熱する。

1. 切る
豚肉は常温に戻し、縮まないように筋に数カ所切り目を入れる。しょうがとにんにくはせん切りに、ピーマンは2、3カ所に切り目を入れる。

2. 並べて焼く
耐熱容器に1を並べ、合わせたAをまわしかける。200℃に予熱したオーブンで10〜15分焼く。

Memo
・肉を常温に戻してから調味することで、味がしっかりしみこみ、火の通りも早くなります。

Before

カキと生ハムのすだち焼き

カキと生ハムの旨みを堪能するシンプルなひと品。
すだちを散らし、三つ葉をたっぷり添えることで後味をさっぱりさせました。
汁もおいしいのでごはんを入れてリゾット風にしたり、
パンにつけたりして最後まで楽しんで。

Recipe（2〜3人分）

写真は直径22cmの耐熱容器を使用

生ガキ…9〜10個
生ハム…9〜10枚
すだち…1個
三つ葉…適量
A
　すだち果汁…2個分
　酒…大さじ2
　しょうゆ…小さじ2
　ごま油…大さじ2

【下準備】
・オーブンを210℃に予熱する。

1. 巻く
生ハムを広げてカキをのせて巻く。

2. 並べて焼く
耐熱容器に1を並べ、すだちを薄い輪切りにしてのせ、合わせたAをまわしかける。210℃に予熱したオーブンで10分焼く。三つ葉をざく切りにして添える。

Bake
200°C / 10 min

before

サンマと長ねぎの梅大葉焼き

脂のたっぷりのった旬のサンマに梅の香りと酸味をしみこませた、
ごはんのすすむメニューです。
大葉を全体に散らすことで、魚のくせをやわらげて
食べやすくなるよう仕上げました。

Recipe（2〜3人分）

写真は長径30cmの楕円形耐熱容器を使用

サンマ…4尾
大葉…5枚
塩…小さじ1
A
 長ねぎのみじん切り…½本分
 梅干し（種を除き包丁でたたく）
  …4個
 酒…大さじ2
 しょうゆ…大さじ1
 ごま油…大さじ1

【下準備】
・オーブンを200℃に予熱する。
・サンマは内臓を除き、背に沿って約1.5cm深さの切り目を入れ、全体に塩をふる。10分おき水けをふく。

1. 並べる
サンマを耐熱容器に並べ、合わせたAをのせる。

2. 焼く
200℃に予熱したオーブンで10〜12分焼く。大葉を手でちぎってのせる。

Memo
・梅干しは、ここでは塩分12〜13%のものを使用しています。また甘めのものと、塩分の高いものの2種を混ぜて使うと、味に奥行きがうまれます。

Bake
220℃ / 10 min

ホタテとしいたけの柚子こしょうマヨネーズ焼き

淡白なホタテとしいたけにマヨネーズでコクを、柚子こしょうでアクセントをつけて楽しむひと皿。ぷりぷりした食感も魅力です。調理時間が短くてすむ、忙しいときに助かるメニューでもあります。

before

Recipe（2〜3人分）

写真は直径23cmの耐熱容器を使用

生ホタテ貝柱…12〜15個
しいたけ…6枚
白炒りごま…小さじ2
A
　酒…大さじ1
　しょうゆ…小さじ2
　柚子こしょう…小さじ1/2
　マヨネーズ…大さじ2
　ごま油…小さじ2

【下準備】
・オーブンを220℃に予熱する。

1. 切る
ホタテは水けをふく。しいたけは石づきを除き、半分に切る。

2. 並べて焼く
耐熱容器に1を交互に並べ、合わせたAをまわしかけて白炒りごまをふる。220℃に予熱したオーブンで10分焼く。

Memo
・しいたけをエリンギにかえても、また2種のきのこを混ぜて使ってもおいしいです。

Bake
210℃ / 10 min

かぶと牛肉のコチュジャン焼き

薄切り肉を使うことで火が通りやすく完成もあっという間。
合わせ調味料を肉にしっかりもみこむことがおいしく作る秘訣です。
かぶは葉も歯ごたえがあっておいしいので、しっかりいただきます。

before

Recipe（2〜3人分）

写真は 19×12cm の耐熱容器を使用

かぶ…2個（200g）
牛薄切り肉…200g
しょうが…1片
にんにく…1片
塩…小さじ¼
ごま油…大さじ2
A
　紹興酒（酒でも可）…大さじ2
　みりん…大さじ2
　コチュジャン…小さじ1
　しょうゆ…大さじ2
　黒酢（酢でも可）…大さじ1

【下準備】
・オーブンを210℃に予熱する。

1. 切る
かぶは葉つきのまま4等分に切り、葉のつけ根をよく洗い水けをふく。しょうがとにんにくはせん切りにする。

2. 焼く
Aを牛肉に加えてよくもみこみ、耐熱容器に広げて入れ、1をのせて塩をふり、ごま油をまわしかける。210℃に予熱したオーブンで10〜15分焼く。

Memo
・水っぽい仕上がりにならないよう、かぶの葉の水けはしっかりふいてから焼くこと。

メイン食材2品：かぶ、牛肉　21

Bake
200℃/20min

豚肉とごぼうの和風ミートローフ

みそを隠し味にした和風味のミートローフです。
ごぼうをまるまる1本入れたので、食物繊維もたっぷりとれる、ヘルシーなひと皿。
型に詰めるだけだから、手間いらずなのにごちそう感もあります。

before

Recipe（2〜3人分）

写真は20×10cmの耐熱容器を使用

豚ひき肉…300g
ごぼうの斜め薄切り…1本分（150g）
長ねぎのみじん切り…½本分
白炒りごま…小さじ1
ごま油…大さじ1
A
　しょうがのすりおろし…1片分
　酒…大さじ1
　みそ…小さじ2
　しょうゆ…小さじ1
　卵…1個
　片栗粉…小さじ2

【下準備】
・オーブンを200℃に予熱する。

1. 切って混ぜる
ごぼうは水に3分さらして水けをふく（飾り用に14枚程度取り分けておく）。長ねぎは豚ひき肉に加え、Aも加えてよく混ぜ、ごぼうも加えて混ぜる。

2. 詰める
耐熱容器に1を敷き詰め、取り分けておいたごぼうをのせ、白炒りごまをふり入れ、ごま油をまわしかける。

3. 焼く
2を200℃に予熱したオーブンで20〜25分焼き、途中で表面の焼き目が強くなったらアルミ箔をかぶせて焼く。

bake 220℃ / 10 min

タラと白菜の
カマンベールしょうゆ焼き

淡白な味のタラにクリーミーなカマンベールと甘い白菜を組み合わせ、
隠し味のしょうゆで香ばしく仕上げました。
全体に散らしたくるみで食感に楽しいリズムも加えて。

before

Recipe（2～3人分）

写真は長径25cmの楕円形耐熱容器を使用

生タラ…3切れ
白菜…⅙個（500g）
カマンベールチーズ…1個（200g）
くるみ…6個
塩…小さじ1
A
　酒…大さじ2
　しょうゆ…大さじ2
　ごま油…大さじ2

【下準備】
・オーブンを220℃に予熱する。

1. 切る

タラは塩をふり約10分おいて水けをふき、半分に切る。白菜は耐熱容器の長さに合わせて、3～4等分の長さに切る。カマンベールは8等分に切り、くるみは粗く刻む。

2. 並べて焼く

耐熱容器にタラと白菜を並べ、カマンベールとくるみをのせ、合わせたAをまわしかける。220℃に予熱したオーブンで10～12分焼く。

Memo
・おいしく作るコツは、塩をふったタラから出る水けをしっかりふきとりくさみを除くこと。

メイン食材2品：タラ、白菜　23

Bake
210℃ / 15 min

鶏肉と甘長唐辛子のてり焼き

皮を上にして焼くと中はふっくら表面はパリッと仕上がります。
肉に味をしみこませるのは焼く直前でもいいですが、
1〜2日前から漬けておいてもいいでしょう。

before

Recipe（2人分）

写真は 24 × 20cm の耐熱容器を使用

鶏もも肉…2枚（400g）
甘長唐辛子（ししとうでも可）
　…8〜9本（ししとうの場合は15本）
にんにく…½個
白炒りごま…大さじ2
ごま油…大さじ2
A
　酒…大さじ1
　みりん…大さじ2
　しょうゆ…大さじ2
　塩…小さじ¼

【下準備】
・オーブンを210℃に予熱する。
・鶏肉は常温に戻す。

1. 味をつける
鶏肉は皮目にフォークで数カ所さして穴をあけ、Aを加えてよくもみこむ。

2. 並べて焼く
1を耐熱容器に並べて甘長唐辛子とにんにくをのせ、ごま油をまわしかけ、白炒りごまをふる。210℃に予熱したオーブンで15分焼く。

Bake 210℃ / 12 min

イカとセロリの
パクチーだれ焼き

小さめのイカを丸ごと使います。
山盛りのセロリといっしょに焼くことでイカのくさみをやわらげて。
レモンとナンプラーでアジア風味に味つけしました。

before

Recipe（2〜3人分）

写真は長径25cmの楕円形耐熱容器を使用

子ヤリイカ…8杯（400g）
セロリ…½本　　レモン（国産）…½個
セロリの葉…5枚　塩…小さじ½
A
　パクチーのみじん切り…大さじ2
　レモン果汁、白ワイン…各大さじ1
　ナンプラー、ごま油…各大さじ2
　にんにくのみじん切り…1片分
　しょうがのみじん切り…1片分

【下準備】
・オーブンを210℃に予熱する。
・イカはワタと軟骨を取り除き、皮をむき、2.5cm幅に切る。ゲソは塩適量（分量外）でもみ洗いし、ぬめりを除く。

1. 切る
セロリは筋を除いて薄切りにする。葉はみじん切りにし、塩を加えてしんなりするまでもみ、出てきた水分をぎゅっとしぼる。

2. 焼く
耐熱容器にイカと1を入れ、合わせたAをまわしかける。レモンをしぼり、しぼったあとのレモンものせて210℃のオーブンで12分焼く。

Memo
・大きいイカを使う場合は、焼き時間を2〜3分長くして。

Bake
210℃ / 15min

スペアリブとれんこんの はちみつマスタード焼き

骨つき肉を豪快に焼き上げる料理はオーブンが得意とするところ。
合わせ調味料は直前にもみこんでもおいしいですが、1〜2日前から漬け込んでおいても。
シャクシャクした歯ごたえを楽しみたくてれんこんを合わせました。

before

Recipe（2〜3人分）

写真は長径25cmの楕円形耐熱容器を使用

豚スペアリブ…6本
れんこん…150g
糸唐辛子（あれば）…適量
A
　にんにくのすりおろし…1片分
　粒マスタード…大さじ2
　はちみつ…大さじ1
　酒…大さじ2
　しょうゆ…大さじ2
　ごま油…小さじ2

【下準備】
・オーブンを210℃に予熱する。
・豚肉は常温に戻す。

1. 切る
れんこんは皮をむき2mm厚さの輪切りにし、水に3分さらして水けをふく。

2. 並べて焼く
スペアリブにAを加えてよくもみこみ、耐熱容器に重ならないように並べる。れんこんを肉の間にはさむように入れる。210℃に予熱したオーブンで15〜20分焼き、糸唐辛子をのせる。

Memo
・れんこんを玉ねぎにかえても。甘みが強く、しっとり仕上がり、また違ったおいしさに。

Bake 210℃ / 10 min

サケときのこの生わさび焼き

秋の味覚を和の味で楽しむオーブン料理です。
サケは身が厚く、脂ののったものを選ぶとよりおいしくなります。
香りづけに生わさびを丸ごと1本使いました。

before

Recipe （2～3人分）

写真は長径25cmの楕円形耐熱容器を使用

生サケ…3切れ
しめじ（石づきを除き小房に分ける）…50g
エリンギ（横7～8mm厚さに切る）…2本
生わさび…小1本
塩…小さじ½
すだち…1個
A
　酒、みりん、しょうゆ…各大さじ1
　しょうがのすりおろし…1片分
　白炒りごま…大さじ1
　ごま油…大さじ2

【下準備】
・オーブンを210℃に予熱する。

1. 切る

サケは塩をふり約10分おき、出てきた水分をふき2～3等分に切る。生わさびの半分は1mm厚さの薄切りに、残りはすりおろしてAに加える。

2. 焼く

耐熱容器にサケときのこ類を入れてAをまわしかけ、わさびの薄切りをのせる。210℃に予熱したオーブンで10～15分焼き、すだちを4等分して添える。

Memo
・生わさびが手に入らない場合は練りわさびにしても。その場合は小さじ⅔をAに混ぜ合わせてください。

Bake
210 ℃ / 15 min

before

手羽先とじゃがいもの豆板醤焼き

手羽先とじゃがいも、どちらも豆板醤とよくあう食材です。
オーブンで手羽先は表面はパリッと、中身はジューシーに、
じゃがいもは、ほっくり焼き上がります。
ピリッと辛くインパクトのある味はお酒にもよくあいます。

Recipe（3～4人分）

写真は長径25cmの楕円形耐熱容器を使用

鶏手羽先…8本
じゃがいも…小6個（約350g）
A
　豆板醤…小さじ1
　紹興酒（みりんでも可）…大さじ2
　しょうゆ…大さじ2
　ごま油…大さじ1

【下準備】
・オーブンを210℃に予熱する。
・鶏肉は常温に戻す。

1. 切る
じゃがいもは皮つきのまま半分に切り、耐熱容器に入れ、ラップをかけて電子レンジ（600W）で5分加熱する。

2. もみこむ
手羽先は骨に沿って2～3カ所切り目を入れ、Aを加えてよくもむ。

3. 並べて焼く
耐熱容器に1と2を並べ、210℃に予熱したオーブンで15分焼く。

Memo
・手羽先のかわりに、ひと口大に切った鶏ももや手羽元でも作れますし、1cm角の棒状に切ったにんじん（電子レンジでの加熱は必要ない）を加えてもおいしく仕上がります。
・手羽先は、合わせ調味料に1～2日前に漬けておいてもいいでしょう。

メイン食材2品：鶏手羽先、じゃがいも

和とアジアのかわりグラタン

グラタンは人気のあるメニューですが、ホワイトソースを作るのが面倒な料理。でも、ここでご紹介するのは、耐熱容器の中で材料をあえればOKの手軽なレシピです。味もしょうゆやみそ、ナンプラーをベースにした和、そしてアジアンテイストのものばかり。フルーツを使ったデザートグラタンもあります。

Bake 200℃ / 25 min

before

カリフラワーとマッシュルームの豆乳みそグラタン

カリフラワーは生のまま焼くとグッと旨みと風味が増すので
オーブン料理とは相性のいい食材です。
生クリームにみそを入れることで香ばしく、和風仕立てにしています。

Recipe（2〜3人分）

写真は長径23cmの楕円形耐熱容器を使用

カリフラワー…½個（150g）
長ねぎ…½本
マッシュルーム…6個
シュレッドチーズ…70g

A
　酒…大さじ1
　みそ…小さじ1
　しょうゆ…小さじ1
　生クリーム…200ml
　豆乳（無調整）…100ml
　塩…小さじ¼
　薄力粉…大さじ1½（ふるう）

【下準備】
・オーブンを200℃に予熱する。

1. 切る
カリフラワーは小房に分ける。長ねぎは斜め薄切りにする。マッシュルームは石づきを除き半分に切る。

2. 焼く
1を耐熱容器に入れ、よく混ぜたAを流し入れ、シュレッドチーズをのせ、200℃に予熱したオーブンで25分焼く。

さつまいもと白いんげん豆のグラタン

ほくほくにベイクしたさつまいもと大ぶりな白いんげん豆は
ひと口食べるごとに甘さが広がり、女性に人気の高いメニュー。
炒めた玉ねぎがコク出しの役割を果たしているのもポイントです。

Recipe（2〜3人分）

写真は直径22cmの耐熱容器を使用

さつまいも…300g
白いんげん豆…80g
玉ねぎ…½個（100g）
バター…大さじ1
白ワイン…100ml
水…80ml

A
　生クリーム…200ml
　しょうゆ…小さじ2
シュレッドチーズ…80g
クミンシード…小さじ1

【下準備】
・白いんげん豆はたっぷりの水に
　ひと晩つけて戻して煮る（memo参照）。
・オーブンを220℃に予熱する。

Memo
【白いんげん豆の煮かた】
・水けをきった白いんげん豆を鍋に入れてかぶるくらいの水を注ぎ、塩ひとつまみ（分量外）を加え中火にかける。煮立ったら弱火にし約30分、水分が少なくなったら水を足しながら煮て汁けをきる。

1. 切る
さつまいもは皮をむき、1cm幅の半月切りにして水にさっとさらす。玉ねぎは繊維に沿って薄切りにする。

2. 炒めて煮る
フライパンを中火で熱し、バターを入れて1を加え、玉ねぎが透き通るまで炒める。白ワインと水を注ぎひと煮立ちしたら弱火にし、ふたをしてさつまいもがやわらかくなるまで約8分煮る。

3. 焼く
2に煮た白いんげん豆を加えてさっと混ぜ、Aを加えてひと煮立ちさせる。耐熱容器に入れ、チーズとクミンシードをのせ220℃に予熱したオーブンで10分焼く。

Bake 220℃ / 10 min

かぼちゃとパプリカのココナッツグラタン

ココナッツミルクとかぼちゃを使った、甘みの強いエスニックグラタン。
玉ねぎやパプリカを大きめのひと口大に切って、
野菜の食感も楽しむスタイルにしました。

Recipe（2〜3人分）

写真は24×20cmの耐熱容器を使用

かぼちゃ…250g
玉ねぎ…½個（80g）
パプリカ（赤、黄）…各½個
にんにく…1片
酒…大さじ2
ナンプラー…大さじ1
ごま油…小さじ2
シュレッドチーズ…70g
A
　ココナッツミルク…200ml
　塩…小さじ⅓
　薄力粉…大さじ1½（ふるう）

【下準備】
・オーブンを220℃に予熱する。

1. 切る
かぼちゃはところどころ皮をむき3cm角に切る。玉ねぎとパプリカは2cm角に切る。

2. 炒めて煮る
にんにくはつぶす。フライパンににんにくとごま油を入れて中火にかけ香りが立ったら1を入れて玉ねぎが透き通るまで炒める。酒とナンプラーを加えて弱火にし、ふたをして時々混ぜながら約6分煮る。

3. 焼く
2を耐熱容器に入れ、よく混ぜたAを流し入れ、シュレッドチーズをのせて、220℃に予熱したオーブンで12分焼く。

Bake 220℃/12min

なすのトマトみそグラタン

トマトとみそは相性がとてもよい組み合わせ。
即席トマトソースにみそを合わせてこっくりとした味に。
チーズをたっぷりふって、さっぱりしつつもコクのあるグラタンです。

Recipe（2〜3人分）

写真は24×20cmの耐熱容器を使用

なす…4本（350g）
トマト…大1個（250g）
玉ねぎ…½個（250g）
にんにくの薄切り…2片分
ホールトマト…1缶（400g）
パルミジャーノレッジャーノチーズ
　（粉チーズでも可）…30g
ごま油…大さじ2
A
　酒…大さじ1
　しょうゆ…大さじ1
　みそ…小さじ2

【下準備】
・オーブンを200℃に予熱する。

1. 切る
なすは5mm厚さの輪切りにし、水に3分さらして水けをふく。トマトは8mm厚さの半月切りに、玉ねぎはみじん切りにする。

2. 並べる
なすにごま油をまぶし耐熱容器に並べ、トマトはなすの間に入れ、にんにくをのせる。

3. ソースを入れて焼く
ホールトマトは粗く刻み、Aと玉ねぎを加えてよく混ぜ、2の上に流し入れる。パルミジャーノレッジャーノチーズをのせて、200℃に予熱したオーブンで25分焼く。

Bake 200℃ × 25min

じゃがいもと長ねぎの白みそグラタン

パンチェッタと白みその塩けをきかせたまろやかなグラタンです。
じゃがいものでんぷん質で生クリームにとろみをつけるので、
切ったじゃがいもは水にさらさないように注意してください。

Recipe（2〜3人分）

写真は長径20cmの楕円形耐熱容器を使用

じゃがいも（男爵）…3個（300g）
長ねぎ…½本
パンチェッタ…40g
シュレッドチーズ…70g
A
　白みそ…小さじ2
　生クリーム…200ml
　酒…大さじ1

【下準備】
・オーブンを200℃に予熱する。

1. 切る

じゃがいもは皮をむき2mmの輪切りに切る。長ねぎは小口切りに、パンチェッタは細切りにする。

2. 焼く

耐熱容器にじゃがいもを敷き、長ねぎとパンチェッタをのせる。合わせたAを流し入れ、シュレッドチーズをのせて200℃に予熱したオーブンで25分焼く。

Bake 200℃ / 25 min

桃とシナモンの豆乳グラタン

焼いて甘みの増した桃と酸味のきいた
マスカルポーネチーズがよくあいます。
シナモンのスパイシーな香りと風味で少し大人っぽい味に。

Recipe（2～3人分）

写真は直径18cmの耐熱容器を使用

桃…2個
シナモンスティック…1本
マスカルポーネチーズ…50g
シナモンパウダー…適量
A
　豆乳（無調整）…100ml
　生クリーム…100ml
　はちみつ…大さじ2

【下準備】
・オーブンを220℃に予熱する。

1. 切って並べる
桃は皮をむき種を除き、4等分のくし形に切り耐熱容器に並べる。

2. 焼く
1に合わせたAを流し入れ、シナモンスティックとマスカルポーネチーズをのせ220℃に予熱したオーブンで10分焼く。シナモンパウダーをふる。

Bake 220℃ / 10 min

バナナの黒糖グラタン

カリッとした香ばしいくるみと、コクのある黒糖を合わせて
デイリーな果物であるバナナをワンランク上のおやつに。
ラム酒を加えることで味に深みが出ますが、お子さん用なら、抜いてください。

Recipe（2～3人分） 　　　　　　　　写真は長径30cmの楕円形耐熱容器を使用

バナナ…3本
黒糖…大さじ2
くるみ…7個
ラム酒…大さじ1

【下準備】
・オーブンを220℃に予熱する。

1. 切って並べる
バナナは皮をむき縦に2等分し耐熱容器に並べる。

2. 焼く
1に黒糖をふり、くるみを粗く刻んでのせラム酒をかける。220℃に予熱したオーブンで10分焼く。

Bake 220℃ / 10min

Baked Sweets Column
黒ごまあんこ巻きのグリル

春巻きの皮でささっと作る、ホットケーキやクレープよりも
簡単な和のおやつ。市販のあんこに黒すりごまを混ぜる、
そのひと手間だけで香ばしくなり風味も出て、おいしくなります。

Recipe（2人分）

写真は長径18cmの楕円形耐熱容器を使用

春巻きの皮…4枚
バター…25g
塩…少々
黒すりごま…少々
A
　こしあん（市販のもの）…120g
　黒すりごま…大さじ3
B
　薄力粉…小さじ2
　水…大さじ1

【下準備】
オーブンを220℃に予熱する。

1. Aをよく混ぜ、4等分にする。
2. 春巻きの皮の手前に1をのせて巻き、巻き終わりを合わせたBで留める。
3. 2を耐熱容器に並べ、バターをのせ塩と黒すりごまをふり、220℃のオーブンで10分焼く。

220℃ / 10min

メイン食材1品 新・家庭料理

冷蔵庫にあるものでちゃちゃっと。

冷蔵庫を開けて、なにか1つ食材があれば作れる
簡単なメニューばかりです。
ごはんにあう和食、アジアン料理から、
ビールやワイン、日本酒にあうおつまみまで20品。
ページをめくれば、必ず、作れるもの
食べたいものが見つかります。

Part.

before

トマトのねぎ酢じょうゆ焼き

トマトは、加熱することで甘くなり、コクもうまれ、まろやかになりますが、
香味野菜といっしょに焼くことで、さらに洗練された味わいに。
色違いのトマトを組み合わせることで見た目も華やかになります。

Recipe（2〜3人分）

写真は 22 × 17cm の耐熱容器を使用

ミニトマト（赤、黄、緑など）
　…20〜25個
長ねぎ…½本
しょうが…1片
にんにく…1片
A
　酒…大さじ1
　しょうゆ…大さじ1
　黒酢（酢でも可）…大さじ2
　塩…小さじ¼
　ごま油…大さじ2

【下準備】
・オーブンを220℃に予熱する。

1. 切る
トマトはヘタをとる。長ねぎは斜め薄切りに、しょうがとにんにくはせん切りにする。

2. 焼く
耐熱容器に1を入れ、合わせたAをまわしかけ、220℃に予熱したオーブンで12分焼く。

メイン食材1品：トマト　41

Bake
220°C / 10 min

before

アボカドの酒かす焼き

アボカドは、焼くと旨みが凝縮し濃厚になり、生で食べるのとは
また違ったおいしさ。酒かすを加えることでよりクリーミーになり、
お酒の香りと炒りごまの香ばしさも合わさり、奥行きのある味に仕上がります。

Recipe（2～3人分）

写真は長径30cmの楕円形耐熱容器を使用

アボカド…2個
白炒りごま…大さじ1
ごま油…大さじ2
A
　酒かす…大さじ3
　白練りごま…大さじ1
　しょうゆ…小さじ2
　塩…小さじ½
クミンパウダー(あれば)…少々

【下準備】
・オーブンを220℃に予熱する。

1. 混ぜる
Aは合わせてよく混ぜる。

2. 並べる
アボカドは半分に切り、種を除いて耐熱容器に並べて、1を¼量ずつくぼみに入れる。

3. 焼く
白炒りごまをふり、ごま油をまわしかけて220℃に予熱したオーブンで10分焼く。仕上げにクミンパウダーをふる。

before

イワシのアジア焼き

タイやベトナム、インドネシアなどでもよく食べられるイワシ料理。
そこからヒントを得て、ナンプラーとレモンでアジアン風に調味しました。
フレッシュなパクチーをどっさりのせて食べてください。

Recipe（2〜3人分）

写真は25×17cmの耐熱容器を使用

イワシ…4尾
玉ねぎ…1個
しょうが…1片
にんにく…1片
パクチー…4本
レモン（国産）…½個
塩…小さじ1
A
　ナンプラー、レモン果汁…各大さじ1
　酒、ごま油…各大さじ2

【下準備】
・イワシは内臓を除き、塩をふって10分おき、出てきた水分をふきとる。
・オーブンを210℃に予熱する。

1. 切る
玉ねぎ、しょうが、にんにくはみじん切りにしAと合わせる。

2. 並べる
耐熱容器にイワシを並べ、1をのせる。

3. 焼く
210℃に予熱したオーブンで15分焼く。
ざく切りにしたパクチーとレモンを添える。

before

里いもの
ピーナッツバターソース焼き

里いもにくるみみそをのせる和の料理と、ナンプラーとピーナッツペーストを
合わせるインドネシア料理からヒントを得て考えたレシピです。
仕上げにみょうがを散らして味をひきしめます。

Recipe（2〜3人分）

写真は直径22cmの耐熱容器を使用

里いも … 5個（150g）
みょうが … 1個
白炒りごま … 適量
ごま油 … 小さじ2
A
　長ねぎのみじん切り … ¼本分
　しょうがのみじん切り … 1片分
　ピーナッツバター（無糖）… 大さじ3
　ナンプラー … 大さじ1
　酒 … 小さじ2

【下準備】
・オーブンを210℃に予熱する。

1. 加熱する

里いもは皮をよく洗い、皮ごと半分に切りラップで包み、電子レンジ（600W）で5分加熱する。

2. 並べて焼く

耐熱容器に1を並べ、よく混ぜ合わせたAをのせ、ごま油をまわしかけ210℃のオーブンで15分焼く。みょうがを薄い輪切りにし、白炒りごまとともに散らす。

長ねぎの塩昆布焼き
Bake
210℃ / 12 min

長いものゆずオイル焼き
Bake
220℃ / 10 min

紫キャベツのレモン焼き

Bake
210℃ / 12 min

ビーツのコチュジャンマリネ焼き

Bake
200℃ / 15 min

長ねぎの塩昆布焼き

焼くと甘くなり、とろりとした食感もうまれる長ねぎに
塩昆布の塩けと旨みをうつして楽しむひと品です。
塩昆布のしょっぱさが、焼きねぎの甘さをより引き立てます。

before

Recipe（2〜3人分）

写真は直径15cmの耐熱容器を使用

長ねぎ…2本
塩昆布…30g
酢…小さじ2
みりん…大さじ1
ごま油…大さじ2

【下準備】
・オーブンを210℃に予熱する。

1. 切って並べる
長ねぎは12cm長さに切り、耐熱容器に並べる。

2. 焼く
塩昆布は粗く刻み、酢、みりん、ごま油を加えてよく混ぜ1にのせ、210℃に予熱したオーブンで12分焼く。

長いものゆずオイル焼き

長いもは焼くことで、ほくほく、シャクシャクの魅力的な食感に。
柑橘を合わせたオイルをしみこませることで、味に爽快感をプラス。
シンプルなレシピですが、淡白な長いもがとてもおいしく仕上がります。

before

Recipe（2〜3人分）

写真は直径15cmの耐熱容器を使用

長いも…250g
青ゆず（黄ゆずでも可）…1個
塩…小さじ2/3
酒…大さじ1
ごま油…大さじ2

【下準備】
・オーブンを220℃に予熱する。

1. 切って並べる
長いもはたわしで皮を洗い、2.5cm厚さの輪切りにし耐熱容器に並べる。

2. 焼く
ゆずは半分に切り、1つは薄い輪切りにして1にのせ、残り半分は果汁をしぼって全体にかける。塩、酒をふり、ごま油をまわしかけ、220℃に予熱したオーブンで10分焼く。

紫キャベツのレモン焼き

生で食べると苦みのある紫キャベツですが、焼くことで甘くなります。
酸味とも相性がいいのでレモンを加えました。
レモンをしぼることで、紫キャベツの色留め効果も。

before

Recipe（2〜3人分）

写真は直径15cmの耐熱容器を使用

紫キャベツ…¼個（200g）
レモン（国産）…½個
酒…大さじ1
ナンプラー…大さじ1
ごま油…大さじ1

【下準備】
・オーブンを210℃に予熱する。

1. 切って並べる
紫キャベツは2cm幅のくし形切りにし、耐熱容器に並べる。

2. 焼く
レモンをしぼりながらまわしかけ、酒、ナンプラー、ごま油もまわしかける。しぼったあとのレモンも添える。210℃に予熱したオーブンで12分焼く。

ビーツのコチュジャンマリネ焼き

甘みが強く、大根とじゃがいもの中間のような食感が楽しいビーツ。
コチュジャンとの組み合わせに驚かれるかもしれませんが、
辛みを合わせることで、互いの味が引き立ちよくあいます。

before

Recipe（2〜3人分）

写真は長径18cmの楕円形耐熱容器を使用

ビーツ…400g
A
　コチュジャン…小さじ1
　紹興酒（みりんでも可）…大さじ1
　しょうゆ…大さじ1
　しょうがのすりおろし…½片分
　ごま油…大さじ2

【下準備】
・オーブンを200℃に予熱する。

1. 切ってあえる
ビーツは皮をむき10〜12等分のくし形に切り、Aを加えてよくあえる。

2. 並べて焼く
耐熱容器に1を並べて200℃に予熱したオーブンで15〜20分焼く。

before

なすのサワークリーム山椒焼き

酸味の強いサワークリームとピリリと辛く、
風味の強い実山椒はとてもよくあうので、お気に入りの組み合わせ。
なすがサワークリームの油をよく吸うことで、味がしっかりからむのもポイント。

Recipe（2〜3人分）

写真は直径20cmの耐熱容器を使用

なす…2本（約180g）

A
- サワークリーム…大さじ4
- 実山椒…小さじ2
- 長ねぎのみじん切り…⅓本分
- 酒…大さじ1
- しょうゆ…小さじ2
- 塩…小さじ¼
- ごま油…大さじ1

【下準備】
・オーブンを220℃に予熱する。

1. 切る
なすはヘタを除いて縦半分に切り、皮目に斜めに細かく切り目を入れ、水に3分さらして水けをふく。

2. 並べて焼く
耐熱容器に1を並べ、よく混ぜ合わせたAをかけて220℃に予熱したオーブンで15分焼く。

Bake
220℃ / 10min

エリンギの明太だれ焼き

ごはんやお弁当のおかずになるのはもちろん、
簡単つまみとしても活躍するひと品です。
淡白なエリンギに強い味わいの明太だれがよくあいます。

before

Recipe（2〜3人分）

写真は 20 × 18cm の耐熱容器を使用

エリンギ…4本
明太子…½腹
長ねぎ…⅓本
赤唐辛子（あれば）…1本
酒…大さじ2
しょうゆ…大さじ1
ごま油…大さじ2

【下準備】
・オーブンを220℃に予熱する。
・明太子は皮を除きほぐす。

1. 切って並べる
エリンギは1cm厚さの輪切りにして耐熱容器に並べる。

2. 焼く
明太子を酒、しょうゆ、ごま油と混ぜ合わせ1に広げてのせる。長ねぎは粗いみじん切りにして散らし、赤唐辛子をのせる。220℃に予熱したオーブンで10分焼く。

Memo
・エリンギのかわりにさやいんげんやブロッコリーを使ってもおいしいです。焼き時間はほぼ同じですが、様子をみながら焼いてください。

Bake 220℃ / 10 min

しいたけの辛み焼き

こちらも簡単つまみとしておすすめしたいメニューです。
辛みだれをたっぷりのせられるほどの大ぶりでぷりぷりした
しいたけがあればなおよし。ナンプラーとみりんで甘じょっぱく仕上げました。

before

Recipe（2〜3人分）　　　　　　　　　　　写真は20×18cmの耐熱容器を使用

しいたけ…6枚
A
　長ねぎの小口切り…1/3本分
　しょうがのみじん切り…1片分
　にんにくのみじん切り…1片分
　赤唐辛子のみじん切り（種は除く）
　　…1/3本分
　ラー油…大さじ1
　ナンプラー…大さじ1
　みりん…大さじ1

1. 切る
しいたけは石づきを除く。軸は切り落として縦半分に切る。

2. 並べて焼く
耐熱容器にしいたけのかさを裏側を上にして並べ、すき間に軸を詰める。混ぜ合わせたAをかさにのせて220℃に予熱したオーブンで10分焼く。

【下準備】
・オーブンを220℃に予熱する。

メイン食材1品：しいたけ　55

Bake
220°C / 10 min

before

キャベツの桜エビオイル焼き

焼いて甘みの強くなったキャベツに、香ばしく旨みの強い桜エビオイルが
とてもよくあい、箸が止まらない、くせになるおいしさです。
しょうがを加えることで、さっぱりした味になるのもポイント。

Recipe（2〜3人分）

写真は長径30cmの楕円形耐熱容器を使用

キャベツ…¼個（200g）
桜エビ…15g
しょうがのせん切り…1片分
A
　酒…大さじ1
　ナンプラー…大さじ1
　レモン果汁…大さじ1
　ごま油…大さじ1

【下準備】
・オーブンを220℃に予熱する。

1. 切って並べる
キャベツは2cm幅のくし形に切り、耐熱容器に並べる。

2. 焼く
桜エビとしょうがを全体にのせ、合わせたAをまわしかけ、220℃に予熱したオーブンで10分焼く。

Memo
・桜エビオイルはブロッコリーやじゃがいも、大根など、どんな野菜にもよくあうのでおすすめです。

Bake 220℃/10min

れんこんの
みそカッテージチーズ焼き

さっぱりした酸味の強いカッテージチーズにコク出しのみそを加えたたれは、
焼いて甘みが強くなったれんこんとよくあいます。
仕上げに粉山椒をひとふりすることで、ワンランク上の洗練された味に。

before

Recipe（2〜3人分）

写真は20×16cmの耐熱容器を使用

れんこん…300g
カッテージチーズ…200g
粉山椒…少々
A
　卵黄…1個分
　みそ…大さじ1
　みりん…大さじ1
　しょうゆ…小さじ2
　ごま油…大さじ2

【下準備】
・オーブンを220℃に予熱する。

1. 切って加熱する

れんこんは皮をよく洗い2cm厚さに切り、さっと水にさらして耐熱容器に並べ、ラップをかけて電子レンジ（600W）で4分加熱する。

2. 焼く

カッテージチーズにAを加えてよく混ぜ、1にのせ220℃に予熱したオーブンで10分焼き、仕上げに粉山椒をふる。

Memo
・れんこんのかわりにカリフラワーやズッキーニを使ってもおいしい。

Bake
220℃ / 10 min

じゃがいものチーズクミン焼き

じゃがいもとクミンは間違いのない王道の組み合わせです。
クミンはクリームチーズ、にんにくとミックスし濃厚なペーストにして。
簡単なポテトグラタンのようなイメージで考えたメニューです。

before

Recipe （2〜3人分）

写真は直径18cmの耐熱容器を使用

じゃがいも…小8個（450g）
白炒りごま…小さじ2
ごま油…大さじ2
A
　クリームチーズ…100g
　クミンパウダー…小さじ½
　にんにくのすりおろし…1片分
　酒…大さじ1
　塩…小さじ⅔

【下準備】
・オーブンを220℃に予熱する。
・クリームチーズを常温に戻す。

1. 切って加熱する

じゃがいもは皮つきのまま半分に切り、耐熱容器に並べてラップをかけ、電子レンジ（600W）で4分加熱する。

2. 焼く

Aをよく混ぜ、1にのせて白炒りごまとごま油をふる。220℃に予熱したオーブンで10分焼く。

Bake 200℃ / 20min

丸ごと玉ねぎの豆豉焼き

じっくりオーブンで焼いた玉ねぎは、とろりとして甘みが強くなります。
それだけでも十分おいしいので、なるべくシンプルな味つけに。
発酵臭の強い豆豉をベースにした、中華だれでいただきます。

before

Recipe（2〜3人分）

玉ねぎ……3個
豆豉…大さじ1
塩…少々
A
　しょうがのみじん切り…1片分
　にんにくのみじん切り…1片分
　万能ねぎの小口切り…4本分
　黒酢（酢でも可）…大さじ1
　しょうゆ…小さじ2
　ごま油…大さじ2

【下準備】
・オーブンを200℃に予熱する。

1. 切り目を入れる
玉ねぎは皮ごと十字に切り目を入れる。

2. 焼く
天板にオーブンシートを敷いて1をのせ、塩をふり200℃に予熱したオーブンで20〜25分焼く。豆豉は粗く刻みAと合わせ、焼きたての玉ねぎにかける。

Bake 200℃ / 12 min

にんじんのクミンパン粉焼き

細めに切ったにんじんに、クミンとナンプラー風味の香ばしいパン粉を
たっぷりふって焼き上げました。スナック感覚で手軽に作れます。
上にのせて焼いたにんにくをつぶして、からめながら食べてください。

before

Recipe（2〜3人分）

にんじん…2本（200g）
くるみ…5個
にんにく…1片
ごま油…大さじ1
A
　パン粉…½カップ
　クミンパウダー…小さじ½
　酒…大さじ1
　ナンプラー…大さじ1
　ごま油…大さじ1

【下準備】
・オーブンを200℃に予熱する。

1. 切って並べる

にんじんは、縦に8〜10等分に切る。天板にオーブンシートを敷いてにんじんを並べる。

2. 焼く

くるみを細かく刻んでAに加えて混ぜ合わせ、1にのせ、にんにくものせる。ごま油をまわしかけ、200℃に予熱したオーブンで12〜15分焼く。

Bake
220℃ / 8 min

かぼちゃのナンプラー酢焼き

甘くほくほくしたかぼちゃと旨みの強いナンプラーはよくあいます。
かぼちゃの甘さとパクチーの香りも相性がよく、好きな組み合わせ。
おかずというよりも、ホットサラダのように気軽に食べてほしいひと品です。

before

Recipe（2〜3人分）

写真は直径15cmの耐熱容器を使用

かぼちゃ…200g
赤玉ねぎ…½個（70g）
にんにく…1片
パクチー…4本
A
　酒…大さじ1
　ナンプラー…大さじ1
　酢…大さじ1
　ごま油…大さじ1

【下準備】
・オーブンを220℃に予熱する。

1. 加熱する
かぼちゃは1.5cm幅のくし形に切り、耐熱容器に並べてラップをかけて電子レンジ（600W）で3分加熱する。

2. 切る
赤玉ねぎを繊維に沿って5mm幅に切り1にのせる。にんにくを薄切りにして散らし、合わせたAをまわしかける。

3. 焼く
220℃に温めたオーブンで2を8分焼く。パクチーを粗く刻んでのせる。

Bake
180℃ / 40 min

梅豚

梅は肉をやわらかくするので、いっしょに焼くと味がしっかりしみこみます。
また梅の風味とよい香りが豚肉のくせをやわらげ、
油っぽさも解消してさっぱりした味になるのもポイントです。

before

Recipe（3〜4人分）

豚バラかたまり肉…500g
A
　梅干し（種を除き包丁でたたく）…3個
　みりん…大さじ2
　酒…大さじ2
　しょうゆ…大さじ2

【下準備】
・豚肉は3等分に切り、Aをよくもみこみ、
　1〜2日冷蔵庫で保存する。
・オーブンを180℃に予熱する。

1. 焼く

天板にオーブンシートを敷き、常温に戻した豚肉をのせ180℃に予熱したオーブンで40分焼く。

Memo
・豚肩ロース肉で作ってもおいしくできます。
・梅干しは、ここでは塩分12〜13％のものを使用しています。

Bake 210℃/12min

エビの
ガーリックしょうゆ焼き

ナンプラーとにんにく、レモンをベースにしたアジアンな味つけに
少し苦みのある和素材のせりを加えて、味をしめました。
せりがない季節には、万能ねぎのみじん切りなどをのせても。

before　　　　a

Recipe（2〜3人分）

写真は 20 × 18cm の耐熱容器を使用

エビ（大正エビ、バナメイエビなど）
　…10尾
レモン（国産）…1個
片栗粉…大さじ3
せり…5本
A
　にんにくのみじん切り…1片分
　ナンプラー、レモン果汁、酒、
　　ごま油…各大さじ1

【下準備】
・オーブンを210℃に予熱する。

1. エビの下処理をする
エビは殻はむかず背にはさみで深めに切り目を入れて（a）背ワタを除く。片栗粉を加えてもみ洗いし、流水で洗い水けをしっかりふく。

2. 並べる
耐熱容器に1を切り目を下にして、押し開くようにして立たせて並べ、レモンを薄い輪切りにしてエビの間にはさむ。

3. 焼く
2に合わせたAをまわしかけ、210℃に予熱したオーブンで12分焼く。せりを粗く刻んでのせる。

Bake
200℃ / 15 min

ムール貝のレモン焼き

ムール貝の旬は秋と冬。身がぷりっとして食べごたえがあります。
貝の旨みを引き出すためシンプルな味つけにしているので
調理も簡単。迫力も話題性もある食材です。

before　　　　a

Recipe（2〜3人分）

写真は長径30cmの楕円形耐熱容器を使用

ムール貝…15個
玉ねぎ（繊維に沿って薄切り）…1/2個分
にんにくの薄切り…1片分
レモンの皮（国産、細切り）…少々
長ねぎの青い部分の小口切り…1〜2本分
A
　しょうゆ…大さじ1
　酒、レモン果汁、ごま油…各大さじ2

【下準備】
・オーブンを200℃に予熱する。

1. ムール貝の下処理をする
ムール貝は貝同士をこすり合わせて流水で洗い、はさみで殻についた海藻などを切る（a）。

2. 並べる
玉ねぎ、にんにくを耐熱容器に1とともに入れ、合わせたAをまわしかける。

3. 焼く
200℃に予熱したオーブンで15〜20分焼く。レモンの皮、長ねぎを散らす。

Memo
・スープは、ごはんを入れたりパンをつけて味わってください。

ごはんが主役のオーブン料理

ドリアや焼きおにぎり、パエリアやビビンパなどごはんを主役にして作るオーブンメニューを7品ご紹介します。ドリアはどれもパパッと作れるものばかりなので、ランチや忙しいときの夕食メニューに、見た目が華やかな焼きおにぎりやパエリアは、おもてなし料理としても活躍します。冷凍ごはんを使う場合は人肌程度に温めなおしてから調理してください。

Bake
220℃ / 10 min

before

ひじきとごぼうのドリア

ひじきとごぼう、実はチーズととても相性のいい組み合わせ。
また、ひじきはカルシウムやβカロチン、ごぼうは食物繊維が豊富なので、
それらが、たっぷり食べられるレシピなのも気に入っています。

Recipe（2〜3人分）

写真は直径18cmの耐熱容器を使用

芽ひじき…10g
ごぼう…½本
しょうが…1片
赤唐辛子…½本
ごはん…300g
生クリーム…80ml
シュレッドチーズ…80g
白炒りごま…小さじ2
ごま油…小さじ2
A
　だし汁…100ml
　酒…大さじ2
　しょうゆ…大さじ2
　塩…小さじ¼

【下準備】
・オーブンを220℃に予熱する。
・芽ひじきは水に8分さらし水けをきる。

1. 切る
ごぼうは斜め薄切りにし、水に3分さらして水けをきる。しょうがはせん切りに、赤唐辛子は種を除き小口切りにする。

2. 炒める
フライパンを中火で熱し、ごま油としょうがを入れ香りが出るまで炒める。ごぼう、ひじきを加え油が全体にまわるまで炒める。

3. 煮る
2にAを加えてひと煮立ちさせ、弱火にし8分煮る。

4. 焼く
ごはんに3を汁ごと入れて混ぜ、生クリームを加えてさっと混ぜ、耐熱容器に入れる。チーズ、赤唐辛子、白炒りごまをのせ、220℃に予熱したオーブンで10分焼く。

タラコときのこのドリア

タラコの塩分と旨みで調味するので、しょうゆは香りづけ程度におさえます。
薄力粉を少しふるい入れることで、ホワイトソースをわざわざ作らずとも
クリーミーなドリアの完成です。

Recipe（2〜3人分）

写真は直径18cmの耐熱容器を使用

タラコ（甘口）…1腹
しいたけ（薄切り）…5枚
長ねぎ（斜め薄切り）…½本
しょうがのせん切り…1片分
ごはん…300g
シュレッドチーズ…50g
白炒りごま…適量
薄力粉…小さじ2
ごま油…小さじ1
A
　生クリーム…150ml
　酒…大さじ1
　しょうゆ…小さじ1

【下準備】
・オーブンを220℃に予熱する。

1. 炒める
フライパンを中火で熱し、ごま油としょうがを入れ香りがでるまで炒める。薄力粉をふるい入れてさっとまぶす。

2. 混ぜる
ごはんにしいたけと長ねぎを加えて混ぜ、耐熱容器に入れる。

3. 焼く
2に皮を除いてほぐしたタラコを加えたAと1をまわしかけ、チーズをのせ、220℃に予熱したオーブンで10分焼き、白炒りごまをふる。

Bake 220℃ / 10min

アサリとたけのこのドリア

アサリとたけのこという和の組み合わせに、パクチーをたっぷり入れて
エスニック仕立てに。また、ナンプラーと生クリームの相性もよく、
お気に入りの組み合わせ。パクチーが苦手な場合は入れなくても、おいしいです。

Recipe（2〜3人分）

写真は長径23cmの楕円形耐熱容器を使用

- アサリ（砂抜きしたもの）…200g
- たけのこ（5mm厚さに切る）…150g
- 玉ねぎ（繊維に沿って薄切り）…½個
- パクチー…5本
- にんにくのみじん切り…1片分
- しょうがのみじん切り…1片分
- ごはん…300g
- シュレッドチーズ…70g
- 酒…大さじ2
- ナンプラー…小さじ2
- 生クリーム…150ml
- ごま油…小さじ1

【下準備】
・オーブンを220℃に予熱する。

1. 炒める

フライパンににんにくとしょうが、ごま油を入れて中火で香りが立つまで炒める。たけのこ、玉ねぎを加えて透き通るまで炒め、酒、ナンプラーを加えてさっと炒める。

2. 混ぜて焼く

ごはんに1を入れて混ぜ、パクチーをみじん切りにして⅔量を加えてさらに混ぜ、耐熱容器に入れる。生クリームをまわしかけ、チーズと残りのパクチー、アサリをのせて220℃に予熱したオーブンで10分焼く。

Bake 220℃ / 10 min

長ねぎと鶏肉の白みそ山椒ドリア

山椒と生クリーム、これもまた大好きな組み合わせです。
多めに入れた山椒に甘い白みそを加えることで山椒の辛みをやわらげ、
また風味も引き立てます。好みできのこを加えてもいいでしょう。

Recipe（2～3人分）

写真は長径25cmの楕円形耐熱容器を使用

鶏もも肉…250g
長ねぎ…1本
ゆでぎんなん…10個
酒…大さじ2
しょうゆ…大さじ1
ごはん…300g
木の芽（あれば）…適量
ごま油…小さじ2
シュレッドチーズ…80g
A
　白みそ…大さじ2　　塩…小さじ1/3
　生クリーム…150ml
　粉山椒…小さじ1

【下準備】
・オーブンを220℃に予熱する。

1. 切る
鶏肉は好みで皮を取り除き2cm角に切る。長ねぎは粗いみじん切りにする。

2. 炒める
フライパンにごま油をひいて中火にかけ、1を入れて肉の色が変わるまで炒めたら酒、しょうゆを加えて2～3分炒める。

3. 混ぜて焼く
ごはんに2を加えて混ぜたら耐熱容器に入れ、ぎんなんをのせ、合わせたAをまわしかけシュレッドチーズをのせる。220℃に予熱したオーブンで10分焼き、木の芽をのせる。

Bake 220℃ / 10 min

パクチー焼きおにぎり

パクチー好きのための、パクチーをどっさりのせた焼きおにぎり。
香ばしくてコリコリした松の実とにんにくを入れて、強く飽きのこない味に。
パクチーを大葉にかえて和風にして、楽しむのもおすすめです。

Recipe（9個分）

パクチー…6本
にんにく…1片
松の実…大さじ2
ごはん…約800g
すだち…2個
塩…小さじ¼
ごま油…小さじ2
A
　粗挽き赤唐辛子…小さじ½
　黒酢（酢でも可）…大さじ1
　しょうゆ…大さじ1
　ごま油…大さじ1

【下準備】
・オーブンを220℃に予熱する。

1. にぎる

ごはんに塩とごま油を加えて混ぜ、9等分してにぎり、オーブンシートを敷いた天板にのせる。パクチーとにんにくはみじん切りにし、松の実とAを加えて混ぜ、おにぎりにのせる。

2. 焼く

220℃に予熱したオーブンで10分焼く。すだちをしぼって食べる。

Memo
・Aのたれを多めに作っておきドレッシングとして使ったり、麺をあえてもおいしいです。

Bake 220℃ / 10min

和パエリア

玄米を使った香ばしくて贅沢なシーフードパエリア。
エビは殻ごと入れることでだしがしっかりとれます。
三つ葉やのり、すだちをどさっとのせ、和の香りをきかせて。

Recipe（3～4人分）

写真は直径25cmの耐熱容器を使用

生サケ…2切れ
エビ（殻つきのまま背ワタを除く）…6尾
玉ねぎ（5mm厚さに切る）…½個
パプリカ（5mm幅に切る）…6個
にんにくの薄切り…1片分
スナップえんどう…6本
三つ葉…5本
焼きのり…½枚
すだち…1個
玄米…1合
塩…小さじ½
片栗粉…大さじ2

A
| だし汁…400ml
| 酒…大さじ1
| しょうゆ…大さじ1
| 塩…小さじ⅓
| ごま油…大さじ2

【下準備】
・オーブンを200℃に予熱する。
・サケは塩をふり約10分おく。

1. 炒める

耐熱容器にさっと洗った米を入れ、水分をふいたサケ、片栗粉をまぶしてもみ洗いし、流水で流したエビ、玉ねぎ、パプリカ、にんにくをのせ、合わせたAをまわしかける。

2. 焼く

200℃に予熱したオーブンで30分焼く。スナップえんどうの筋を除いて上にのせ、アルミ箔をかぶせてさらに10分焼く。仕上げに三つ葉をざく切りに、すだちを薄い輪切りにし、ちぎった焼きのりとのせる。

Memo
・白米を使う場合は、さっと洗ってから初めに15分、アルミ箔をかぶせて10分焼きます。

Bake 200℃/40min

ビビンパ

韓国式石釜で作るビビンパですが、
オーブンで作れば同じように本格的な味に仕上げることができます。
ちりめんじゃこと油揚げから出る旨みをだしにしています。

Recipe（2人分）

写真は直径15cmの耐熱容器を使用

白菜のキムチ…60g
油揚げ…1枚
パプリカ…½個
もやし……⅓袋
ちりめんじゃこ…40g
卵…2個
ごはん…400g
塩…小さじ⅔
ごま油…大さじ3
万能ねぎ…3本
大葉…4枚

【下準備】
・オーブンを220℃に予熱する。

1. 切る
油揚げは三角形に8等分に切り、パプリカは7mm幅に切る。

2. 混ぜてのせる
ごはんに塩とごま油を半量ずつ加えて混ぜ、耐熱容器に等分に入れ1を半量ずつのせる。ちりめんじゃこ、もやし、キムチを半量ずつのせ卵を1個ずつ落とす。残りの塩をふりごま油をまわしかける。

3. 焼く
220℃に予熱したオーブンで10分焼く。万能ねぎは斜め薄切りに、大葉は太めのせん切りにしてのせる。

Bake 220℃ / 10 min

Baked Sweets Column
ココナッツミルクのフレンチトースト

牛乳のかわりにココナッツミルクを使って、アジアンテイストに。
粗く刻んだアーモンドをたっぷりふり、ラム酒も使うことで
少し大人っぽいおやつに仕上げました。

Recipe（2人分）

写真は22×18cmの耐熱容器を使用

食パン（6枚切り）…4枚
アーモンド（無塩）…10粒
バター…30g
シナモン…適量
マンゴー…適量
アイスクリーム…適量
A
　ココナッツミルク…200g
　卵…2個
　てんさい糖（上白糖でも可）
　　…大さじ2
　ラム酒…大さじ1
　塩…ひとつまみ

【下準備】
オーブンを210℃に予熱する。

1. Aをよく混ぜ、食パンをひたし5分おく。
2. 耐熱容器に1を並べ、アーモンドを粗く刻み、バターとともに全体にのせる。210℃のオーブンで15分焼く。シナモンをふり1.5cm角に切ったマンゴーとアイスクリームを添える。

210℃ / 15min

Part. 3

メイン食材3品以上 新・スターレシピ

思わず歓声があがる！

主な食材を3品以上使って作るごちそうメニュー。
とはいえ、ほとんどが食材を
切って並べて、焼くだけの3ステップで作れます。
作り方も見た目も豪快で味は思わず歓声のあがるような
インパクトのあるものばかり。
おもてなし料理にも。

before　　　　a

鶏肉と栗のレモングラス焼き

鶏肉と生のレモングラスの葉をいっしょに焼いて、
豊かなハーブの香りを肉や野菜にしっかりうつします。
香りを楽しむために、味つけは、ナンプラーと塩でシンプルに。

Recipe（3〜4人分）

写真は 25×25cm の耐熱容器を使用

鶏もも骨つき肉…4本（1kg）
玉ねぎ…2個（400g）
パプリカ（赤）…1個
いちじく…4個
栗の渋皮煮（または甘栗）…15個
レモングラスの葉（生）…10本
にんにく…2片
赤唐辛子…1本
塩…小さじ1/3
ごま油…大さじ2
A
　酒…大さじ3
　ナンプラー…大さじ3

【下準備】
・オーブンを200℃に予熱する。
・鶏肉は常温に戻す。

1. 鶏肉に味をつける
鶏肉は骨に沿って数カ所切り目を入れ（a）Aをよくもみこむ。天板にオーブンシートを敷いて鶏肉を並べる。

2. 切って並べる
玉ねぎは1cm厚さの輪切りにし、パプリカは1cm幅の輪切りに、いちじくは皮つきのまま横半分に切り鶏肉の間に並べる。にんにくは薄切り、赤唐辛子は種を除き小口切りにして、栗、半分に切ったレモングラスとともにのせ、塩とごま油を全体にまわしかける。

3. 焼く
200℃に予熱したオーブンで50〜60分焼く。焼きむらがつかないように途中で一度、天板の前後を入れかえる。

Memo
・肉を常温に戻してから調味することで、味がしっかりしみこみ、火の通りも早くなります。
・鶏もも肉は、合わせ調味料に1〜2日前に漬けておいてもいいでしょう。

メイン食材3品以上：鶏もも骨つき肉、玉ねぎ、栗　他

before

豚肉ときのこの
ザーサイマリネ焼き

紹興酒や八角、黒酢、しょうがを使った薬膳風のレシピです。
八角はなくても……と言いたいところですが、この料理にはぜひ使ってください。
ザーサイの風味とあいまってグッと薬膳らしさが出ます。

Recipe（3～4人分）

写真は24×20cmの耐熱容器を使用

豚肩ロースかたまり肉…400g
長ねぎ…½本
まいたけ…100g
豆苗…適量
ザーサイ…40g
しょうが…1片
八角…2個
ごま油…大さじ2
A
| 紹興酒（みりんでも可）…大さじ2
| 黒酢…大さじ2
| オイスターソース…大さじ2
| しょうゆ…小さじ2

【下準備】
・ザーサイは薄切りにして水に10分さらして塩抜きする。
・オーブンを200℃に予熱する。

1. 切る
常温に戻した豚肉は1.5cm厚さに切る。長ねぎは小口切りにする。まいたけは大きめに手でほぐす。塩抜きしたザーサイは水けをきり、細切りにする。しょうがはせん切りにする。

2. 並べて焼く
耐熱容器に、豚肉、まいたけを並べ、その上にしょうが、長ねぎ、ザーサイ、八角をのせ、合わせたAをまわしかけ、ごま油を全体にかける。200℃に予熱したオーブンで45分焼く。根元を落とした豆苗をのせる。

Memo
・肉を常温に戻してから調味することで、味がしっかりしみこみ、火の通りも早くなります。

メイン食材3品以上：豚肩ロース肉、まいたけ、ザーサイ　他

before

カジキとじゃがいも、いんげんの七味焼き

じゃがいもは皮つきのまま焼くと水分を逃さないため甘みが増し、
皮はパリッと、中身はほっくり焼き上がります。
カジキは味があっさりしているので、七味をピリリときかせました。

Recipe （3〜4人分）

写真は 24×20cm の耐熱容器を使用

カジキマグロ…4〜6切れ（500g）
じゃがいも…2個（200g）
さやいんげん…10本
にんにく…1片
しょうが…1片
七味唐辛子…小さじ½
ごま油…大さじ2
A
　酒…大さじ2
　しょうゆ…大さじ2

【下準備】
・オーブンを210℃に予熱する。

1. 切る

にんにくとしょうがはみじん切りにする。じゃがいもは皮つきのまま縦6等分に切り、ラップで包み電子レンジ（600W）で3分加熱し粗熱をとる。さやいんげんは端を切り、縦半分に切る。

2. 並べる

カジキマグロは水けをふきAをよくからめ、耐熱容器に並べ、にんにく、しょうがをのせる。カジキマグロの上にじゃがいもといんげんも並べ、七味唐辛子をふりごま油を全体にまわしかける。

3. 焼く

210℃に予熱したオーブンで20分焼く。

メイン食材3品以上：カジキマグロ、じゃがいも、さやいんげん

Bake
200℃/45min
→
210℃/20min

ビーツと豚肉の
ラー油にんにく焼き

優しい味わいのビーツに豚バラ肉の旨みを
しっかり吸わせることでおいしく仕上がります。
甘いビーツには辛みがよくあうためラー油でアクセントをつけました。

before

Recipe（3～4人分）

写真は 24×20cm の耐熱容器を使用

豚バラかたまり肉…400g
ビーツ（7mm 厚さの輪切り）…150g
長ねぎ（斜め薄切り）…½本
ししとう…15本　　塩…少々
ごま油…大さじ2
A
 しょうがのすりおろし…1片分
 にんにくのすりおろし…1片分
 紹興酒（みりんでも可）…大さじ2
 ラー油…小さじ2
 しょうゆ…大さじ2
 酢…大さじ1

【下準備】
・オーブンを 200℃に予熱する。

1. 切って並べる

常温に戻した豚肉は 1.5cm 厚さに切り、A をよくからめて耐熱容器に並べる。ビーツは肉の間にはさんでいく。

2. 焼く

長ねぎ、ししとうをのせ、塩とごま油をまわしかけ、200℃に予熱したオーブンで 45 分焼く。途中で一度オーブンを開けて、ししとうが焼けていたらアルミ箔をかぶせ、温度を 210℃に上げてさらに 20 分焼く。

Memo
・肉を常温に戻してから調味することで、味がしっかりしみこみ、火の通りも早くなります。

Bake 200℃／50min

豚と野菜のオイル焼き、カツオ節風味

カツオ節とすだちの風味でさっぱりといただく和風味。
じっくり火を入れることで、素材の甘みと旨みを引き出します。
おいしく作るコツは、味つけした肉を最低半日はおくこと。

before

Recipe（3〜4人分）

写真は直径25cmの耐熱容器を使用

豚肩ロースかたまり肉…350g
玉ねぎ…1個（200g）
パプリカ（黄）…1個
モロッコいんげん…6本
すだち…2個
カツオの削り節…1袋（5g）
塩…少々　　ごま油…大さじ1
A
　しょうゆ…大さじ2
　酒、みりん…各大さじ1

【下準備】
・豚肉は常温に戻し、Aをかけてよくもみ込み冷蔵庫で半日おく。
・オーブンを200℃に予熱する。

1. 切る
パプリカは2cm幅に切り、玉ねぎは皮をよく洗い皮つきのまま半分に切る。モロッコいんげんは筋を除いて端を切る。すだちを薄切りにする。

2. 焼く
耐熱容器に豚肉と1をのせ、全体に塩とごま油をかけ200℃に予熱したオーブンで50分焼く。食べる直前に削り節をふる。

Memo
・肉を常温に戻してから調味することで、味がしっかりしみこみ、火の通りも早くなります。
・豚かたまり肉は合わせ調味料に1〜2日前に漬けておいてもよいでしょう。

メイン食材3品以上：豚肩ロース肉、玉ねぎ、パプリカ　他

before　　　a

タイのレモンスパイス塩釜

塩で魚を包み、じっくり火を入れることでじわじわと塩味をつけていく
和食の調理法「塩釜」。ここではクミンシードを混ぜた塩釜で焼き
エスニック仕立てにしました。ほのかなクミンの風味がタイによくあいます。

Recipe（4人分）

写真は長径30cmの楕円形耐熱容器を使用

タイ…1尾（1.2〜1.5kg）
ペコロス…20個
グリーンアスパラガス
　（さやいんげんなどでも可）…10本
レモン（国産）…½個
塩…小さじ1
ごま油…大さじ2
A
　粗塩…700〜800g
　クミンシード…大さじ2
　卵白…2個分

【下準備】
・タイはウロコと内臓を除き、塩をして
　10分おき、タイから出てきた水分をふく。
・オーブンを200℃に予熱する。

1. 野菜の下処理をする

ペコロスは皮をむく。グリーンアスパラガスは下のかたい部分は切り落とし、はかまは除く。

2. タイをクミン塩でおおう

耐熱容器にごま油少々（分量外）をひきタイをのせる。レモンは皮を細切りにし、Aに加えてよく混ぜ、タイ全体をおおう（a）。

3. 焼く

2を200℃に予熱したオーブンで40分焼き、一度取り出し、1と皮をむいた後のレモンを入れる。野菜にごま油をまわしかけ、天板の前後を入れかえ、さらに20分焼く。レモンをしぼりかける。

Memo
・いっしょに焼くペコロスがなければ、玉ねぎをひと口大に切ったものでも。

メイン食材3品以上：タイ、ペコロス、グリーンアスパラガス

サケとアサリの紙包み焼き

Bake 210°C / 25 min

鶏手羽のオイスター紙包み焼き

Bake 210℃ / 25 min

before   *a*

サケとアサリの紙包み焼き

紙で包む蒸し焼きは、火の入りが優しく、旨みも逃さず、
素材をしっとりふっくら焼き上げます。
秋冬の脂ののった厚みのあるサケで作ると、よりいっそうおいしくなります。

Recipe（4～6人分）

写真は25×25cmの耐熱容器を使用

生サケ…半身800g
アサリ（砂抜きしたもの）…250g
玉ねぎ…½個
スナップえんどう…13本
塩…小さじ1
A
| 酒…大さじ3
| しょうゆ…大さじ2
| しょうがのすりおろし…2片分
| ごま油…大さじ2

【下準備】
・サケに塩をふり10分おく。
・オーブンを210℃に予熱する。
・耐熱容器より1.5倍の長さにオーブンシートを切り、耐熱容器に敷く。同じ長さのものをもう1枚用意する。

1. 切る
玉ねぎは繊維に沿って薄切りにし、スナップえんどうは筋を除く。

2. 並べる
サケは水分をふき、オーブンシートの上に並べる。1とアサリをのせ、合わせたAをまわしかける。

3. 包んで焼く
もう1枚のオーブンシートを上からかぶせ周囲を折り込んで全体を包み（a）、210℃に予熱したオーブンで25分焼く。

Memo
・好みでミニトマトなどをいっしょに焼いてもおいしいです。

before　　　a

鶏手羽のオイスター紙包み焼き

鶏手羽の旨みを逃さずふっくらジューシーに仕上げる
紙包み焼きは、脂ののった鶏手羽にぴったりの調理法です。
オイスターソースをからめて、少し甘めにこっくりと仕上げました。

Recipe（4〜6人分）

写真は25×20cmの耐熱容器を使用

鶏手羽中…10本（500g）
長ねぎの白い部分…½本
しいたけ…3枚
ミニトマト（黄）……8個
A
　にんにくのみじん切り…1片分
　しょうがのみじん切り…1片分
　酒…大さじ2
　オイスターソース…大さじ2
　しょうゆ…小さじ1
　ごま油…大さじ2

【下準備】
・オーブンを210℃に予熱する。
・天板より2.5倍の長さにオーブンシートを切り、天板に片方が上にかぶさるよう長めに残して敷く。

1. もみこむ
常温に戻した鶏肉は骨に沿って2、3カ所切り目を入れ、Aをもみこみオーブンシートの上に並べる（残った漬け汁はとっておく）。

2. 切る
長ねぎは3等分の長さに切り、さらに縦6等分に切る。しいたけは石づきを切り落とし4等分に切る。トマトはヘタを除く。

3. 包んで焼く
1に2をのせ、1の漬け汁を全体にまわしかけ、オーブンシートを上からかぶせ周囲を折り込んで全体を包み（a）、210℃に予熱したオーブンで25〜30分焼く。

Memo
・肉を常温に戻してから調味することで、味がしっかりしみこみ、火の通りも早くなります。
・鶏手羽中は、合わせ調味料に1〜2日前に漬けておいてもいいでしょう。

Bake
200 °C / 45 min

before   a

牛肉となすの和風ムサカ

ムサカは、ギリシャなどでよく食べられているメニューで
ひき肉やなす、トマトなどを重ねて焼き上げ、ヨーグルトソースで食べます。
ここでは、みそとしょうゆで、あっさりと和風に仕立てました。

Recipe（3〜4人分）

写真は長径22cmの楕円形耐熱容器を使用

牛ひき肉…500g
なす…大3本（300g）
玉ねぎ…大1個（300g）
ミニトマト…7〜8個
パン粉…大さじ4
牛乳…大さじ2
白炒りごま…大さじ1
オリーブオイル…大さじ1
A
　卵…1個
　みそ…大さじ2
　しょうゆ…小さじ1
　酒…大さじ2
　にんにくのみじん切り…1片分
B
　ヨーグルト（無糖）…大さじ3
　塩…小さじ1/4
　クミンパウダー…少々
　オリーブオイル…大さじ1/2

【下準備】
・オーブンを200℃に予熱する。
・パン粉を牛乳と酒でひたしておく。

1. 切る
なすは1cm厚さの輪切りにし、水に3分さらして水けをしっかりふく。玉ねぎはみじん切りにし、耐熱容器に入れてラップをかけ電子レンジ（600W）で2分加熱し粗熱をとる。ミニトマトを縦半分に切る。

2. 混ぜる
ひき肉に玉ねぎと、A、牛乳にひたしたパン粉を加えて粘りが出るまでよく混ぜる。

3. 敷き詰める
耐熱容器に2の半量を敷き詰め、なすの半量をのせ、残りの2となすを交互にのせ、すき間にミニトマトをのせ、オリーブオイルをまわしかけ白炒りごまをふる。

4. 焼く
200℃に予熱したオーブンで45〜50分焼く。合わせたBをかけていただく（a）。

メイン食材3品以上：ひき肉、なす、玉ねぎ　他

before

牛肉とれんこんの塩麹焼き

塩麹をもみこむことで味に深みを与え、牛肉をやわらかく仕上げます。
また、たっぷりの長ねぎから出る甘くとろりとした汁けで蒸し焼き
することによりジューシーに。れんこんの歯ごたえも楽しいメニューです。

Recipe（3〜4人分）

写真は長径30cmの楕円形耐熱容器を使用

牛かたまり肉（カレー用）…400g
れんこん…200g
ごぼう…½本
長ねぎ…⅔本
一味唐辛子(好みで)…少々
A
　塩麹…大さじ3
　酒…大さじ1
　ごま油…大さじ1½

【下準備】
・牛肉は常温に戻し、Aの半量を加えてよくもみこみ半日おく。
・オーブンを200℃に予熱する

1. 切る

長ねぎとごぼうは斜め薄切りにし、ごぼうは水にさっとさらし水けをきる。れんこんはよく洗い皮つきのまま5mm幅の輪切りにし、水にさっとさらして水けをふく。野菜にAの残りを加えてさっと混ぜる。

2. 焼く

耐熱容器に1cm幅に切った牛肉を並べ、れんこんを牛肉の間にはさむようにして入れ、長ねぎとごぼうを上にのせる。200℃に予熱したオーブンで50分焼く。好みで一味唐辛子をふる。

Memo
・肉を常温に戻してから調味することで、味がしっかりしみこみ、火の通りも早くなります。
・牛肉は合わせ調味料に1〜2日前に漬けておいてもよいでしょう。

Bake 220℃/10min

きのことソーセージのもちピザ

ピザ生地のかわりにお餅を敷いて、ソーセージや好みのきのこをのせ、チーズでまとめた簡単ピザ。あっさりしたモッツァレラチーズを使って食べやすくしました。ランチタイムなどに、気軽に作って楽しんでください。

before

Recipe（2～3人分）

写真は直径22cmの耐熱容器を使用

餅（しゃぶしゃぶ用）…6～8枚
ソーセージ…4本
しめじ…50g
さやいんげん…5本
モッツァレラチーズ…1個（200g）
A
　酒…大さじ1
　ナンプラー…大さじ1
　ごま油…大さじ1

【下準備】
・オーブンを220℃に予熱する。

1. 切る
ソーセージは表面に斜めに切り目を入れる。しめじは石づきを切り落とし手でほぐす。さやいんげんは端を切り3cm幅の斜め切りにする。

2. 焼く
モッツァレラチーズは2cm角に切る。耐熱容器に餅を敷き、1とモッツァレラチーズをのせ、合わせたAをまわしかける。220℃に予熱したオーブンで10分焼く。

Memo
・しめじをしいたけやエリンギにかえたり、ミックスして使ってもおいしいです。

この本で使う耐熱容器とオーブン用の道具

◎耐熱容器について

オーブンに入れてもいい容器は、グラタン皿や耐熱性のガラス容器、ステンレス製の鍋、土鍋、鋳物ホーロー鍋、ホーローバット、スキレットなどの鉄鍋です。フライパンも使えますが、持ち手部分も金属でできているか、はずせるものを使ってください。

◎必要な道具について

必ず用意してほしいのは、熱くなった耐熱容器を置く鍋敷きと、取り出すときに容器をつかむミトンや布です。加熱途中でこげないようかぶせるためにアルミ箔と、天板に食材を置いて焼くときに敷くオーブンシートも用意しておきましょう。オーブンシートには白いものと茶色いものと2種ありますが性能に違いはありません。

Profile
ワタナベマキ

料理研究家。グラフィックデザイナーとして活動後「サルビア給食室」として料理の道へ転身。調味料は最低限にし、素材のおいしさを最大限にいかしたシンプルなレシピの提案にファンが多い。好きなものはアジア料理、ハワイ、お酢、梅干し。書籍、雑誌、広告、テレビで活躍。食材、器などを中心にそろえたショップ「STOCK THE PANTRY」も運営。著書に『アジアのサラダ』(主婦と生活社)、『わたしの好きなお酢・レモンの料理』(家の光協会)、『少しのことでラクになる ごはんづくり帖』(大和書房)ほか多数。

Instagram
https://www.instagram.com/maki_watanabe/

簡単なのにごちそう。
和とアジアのオーブンレシピ

なじみの味だから美味しい！
ごはんにあう 新・オーブン料理

2017年11月2日初版第1刷発行

著　者	ワタナベマキ
発行人	北脇信夫
編集人	中江陽奈
発行所	株式会社 宙(おおぞら)出版
	〒112-8653
	東京都文京区音羽一丁目22番12号
	代表　03-6861-3910
	販売　03-6861-3930
	資材製作部　03-6861-3912
印刷・製本	三共グラフィック株式会社

©Maki Watanabe
本書の一部または全部を無断で複製・転載・上映・放送することは、法律で定められた場合を除き、著者および出版者の権利の侵害となります。あらかじめ小社宛に許諾をお求めください。本書を代行業者等の第三者に依頼してスキャンやデジタル化することは、たとえ個人や家庭内での利用であっても著作権法上認められておりません。造本には十分注意しておりますが、万一、落丁乱丁などの不良品がありましたら、購入された書店名を明記のうえ小社資材製作部までお送りください。送料小社負担にて、お取替えいたします。但し、新古書店で購入されたものについてはお取替えできませんのでご了承ください。
ISBN978-4-7767-9687-9
Printed in Japan2017

撮影　木村拓(東京料理写真)
スタイリング　佐々木カナコ
アートディレクション・デザイン　福間優子
校正　みね工房
企画・編集　斯波朝子(オフィスCuddle)
編集担当　大竹美香(宙出版)

器協力
UTUWA
東京都渋谷区千駄ヶ谷3-50-11 明星ビルディング1F

oven recipe
Index

	豆板醤	手羽先とじゃがいもの豆板醤焼き	P.28
	豆苗	豚肉ときのこのザーサイマリネ焼き	P.78
	トマト（ホールトマト）	なすのトマトみそグラタン	P.34
	鶏手羽先	手羽先とじゃがいもの豆板醤焼き	P.28
	鶏手羽中	鶏手羽のオイスター紙包み焼き	P.89
	鶏もも肉	鶏肉と甘長唐辛子のてり焼き	P.24
		長ねぎと鶏肉の白みそ山椒ドリア	P.70
		鶏肉と栗のレモングラス焼き（骨付き肉）	P.76
な	長いも	長いものゆずオイル焼き	P.50
	長ねぎ	オイルサーディンと長ねぎの黒酢ラー油焼き	P.12
		サンマと長ねぎの梅大葉焼き	P.18
		豚肉とごぼうの和風ミートローフ	P.22
		カリフラワーとマッシュルームの豆乳みそグラタン	P.30
		じゃがいもと長ねぎの白みそグラタン	P.35
		トマトのねぎ酢じょうゆ焼き	P.40
		里いものピーナッツバターソース焼き	P.46
		長ねぎの塩昆布焼き	P.50
		なすのサワークリーム山椒焼き	P.52
		エリンギの明太だれ焼き	P.54
		しいたけの辛み焼き	P.55
		ムール貝のレモン焼き	P.65
		タラコときのこのドリア	P.68
		長ねぎと鶏肉の白みそ山椒ドリア	P.70
		豚肉ときのこのザーサイマリネ焼き	P.78
		ビーツと豚肉のラー油にんにく焼き	P.82
		鶏手羽のオイスター紙包み焼き	P.87
		牛肉とれんこんの塩麹焼き	P.92
	なす	なすのトマトみそグラタン	P.34
		なすのサワークリーム山椒焼き	P.52
		牛肉となすの和風ムサカ	P.90
	生ガキ	カキと生ハムのすだち焼き	P.16
	生クリーム	カリフラワーとマッシュルームの豆乳みそグラタン	P.30
		さつまいもと白いんげん豆のグラタン	P.32
		じゃがいもと長ねぎの白みそグラタン	P.35
		桃とシナモンの豆乳グラタン	P.36
		ひじきとごぼうのドリア	P.66
		タラコときのこのドリア	P.68
		アサリとたけのこのドリア	P.69
		長ねぎと鶏肉の白みそ山椒ドリア	P.70
	生ハム	カキと生ハムのすだち焼き	P.16
	生わさび	サケときのこの生わさび焼き	P.27
	ナンプラー	カジキと赤玉ねぎのレモンナンプラー焼き	P.08
		イカとセロリのパクチーだれ焼き	P.25
		かぼちゃとパプリカのココナッツグラタン	P.33
		イワシのアジア焼き	P.44
		里いものピーナッツバターソース焼き	P.46
		紫キャベツのレモン焼き	P.49
		しいたけの辛み焼き	P.55
		キャベツの桜エビオイル焼き	P.56
		にんじんのクミンパン粉焼き	P.61
		かぼちゃのナンプラー酢焼き	P.62
		エビのガーリックしょうゆ焼き	P.64
		アサリとたけのこのドリア	P.69
		鶏肉と栗のレモングラス焼き	P.76
		きのことソーセージのもちピザ	P.94
に	にんじん	にんじんのクミンパン粉焼き	P.61
は	白菜	タラと白菜のカマンベールしょうゆ焼き	P.23
	パクチー	カジキと赤玉ねぎのレモンナンプラー焼き	P.08
		イカとセロリのパクチーだれ焼き	P.25
		イワシのアジア焼き	P.44

		かぼちゃのナンプラー酢焼き	P.62
		アサリとたけのこのドリア	P.69
		パクチー焼きおにぎり	P.71
	八角	豚肉ときのこのザーサイマリネ焼き	P.78
	バナナ	バナナの黒糖グラタン	P.37
	パプリカ	かぼちゃとパプリカのココナッツグラタン	P.33
		和パエリア	P.72
		ビビンパ	P.73
		鶏肉と栗のレモングラス焼き	P.76
		豚と野菜のオイル焼き、カツオ節風味	P.83
	パルミジャーノレッジャーノチーズ	なすのトマトみそグラタン	P.34
	パンチェッタ	じゃがいもと長ねぎの白みそグラタン	P.35
	万能ねぎ	ビビンパ	P.73
		丸ごと玉ねぎの豆豉焼き	P.60
ひ	ビーツ	ビーツのコチュジャンマリネ焼き	P.49
		ビーツと豚肉のラー油にんにく焼き	P.82
	ピーナッツバター	里いものピーナッツバターソース焼き	P.46
ふ	ピーマン	豚肉とピーマンの甘みそ焼き	P.14
	豚バラ肉	豚バラ肉とさつまいもの塩山椒焼き	P.10
		梅豚（かたまり肉）	P.63
		ビーツと豚肉のラー油にんにく焼き（かたまり肉）	P.82
	豚スペアリブ	スペアリブとれんこんのはちみつマスタード焼き	P.26
	豚ひき肉	豚肉とごぼうの和風ミートローフ	P.22
	豚ロース肉	豚肉とピーマンの甘みそ焼き（厚切り肉）	P.14
		豚肉ときのこのザーサイマリネ焼き（かたまり肉）	P.78
		豚と野菜のオイル焼き、カツオ節風味	P.83
へ	ペコロス	タイのレモンスパイス塩釜	P.84
ほ	ホタテ	ホタテとしいたけの柚子こしょうマヨネーズ焼き	P.20
ま	まいたけ	豚肉ときのこのザーサイマリネ焼き	P.78
	マスカルポーネチーズ	桃とシナモンの豆乳グラタン	P.36
	マッシュルーム	カリフラワーとマッシュルームの豆乳みそグラタン	P.30
	松の実	パクチー焼きおにぎり	P.71
み	実山椒	なすのサワークリーム山椒焼き	P.52
	三つ葉	カキと生ハムのすだち焼き	P.16
		和パエリア	P.72
	ミニトマト	トマトのねぎ酢じょうゆ焼き	P.40
		鶏手羽のオイスター紙包み焼き	P.87
		牛肉となすの和風ムサカ	P.90
	みょうが	里いものピーナッツバターソース焼き	P.46
む	ムール貝	ムール貝のレモン焼き	P.65
	紫キャベツ	紫キャベツのレモン焼き	P.49
め	芽ひじき	ひじきとごぼうのドリア	P.66
	明太子	エリンギの明太だれ焼き	P.54
も	モッツァレラチーズ	きのことソーセージのもちピザ	P.94
	餅	きのことソーセージのもちピザ	P.94
	桃	桃とシナモンの豆乳グラタン	P.36
	もやし	ビビンパ	P.73
	モロッコいんげん	豚と野菜のオイル焼き、カツオ節風味	P.83
れ	レモン（レモン果汁）	カジキと赤玉ねぎのレモンナンプラー焼き	P.08
		イカとセロリのパクチーだれ焼き	P.25
		イワシのアジア焼き	P.44
		紫キャベツのレモン焼き	P.49
		キャベツの桜エビオイル焼き	P.56
		エビのガーリックしょうゆ焼き	P.64
		ムール貝のレモン焼き	P.65
		タイのレモンスパイス塩釜	P.84
	レモングラスの葉	鶏肉と栗のレモングラス焼き	P.76
	れんこん	スペアリブとれんこんのはちみつマスタード焼き	P.26
		れんこんのみそカッテージチーズ焼き	P.58
		牛肉とれんこんの塩麹焼き	P.92

あ	青唐辛子	カジキと赤玉ねぎのレモンナンプラー焼き	P.08
	青ゆず	長いものゆずオイル焼き	P.50
	赤玉ねぎ	カジキと赤玉ねぎのレモンナンプラー焼き	P.08
		かぼちゃのナンプラー酢焼き	P.62
	アサリ	アサリとたけのこのドリア	P.69
		サケとアサリの紙包み焼き	P.88
	油揚げ	ビビンパ	P.73
	アボカド	アボカドの酒かす焼き	P.42
	甘長唐辛子	鶏肉と甘長唐辛子のてり焼き	P.24
い	イワシ	イワシのアジア焼き	P.44
う	梅干し	サンマと長ねぎの梅大葉焼き	P.18
		梅豚	P.63
え	エビ	エビのガーリックしょうゆ焼き	P.64
		和パエリア	P.72
	エリンギ	サケときのこの生わさび焼き	P.27
		エリンギの明太だれ焼き	P.54
お	オイルサーディン	オイルサーディンと長ねぎの黒酢ラー油焼き	P.12
	大葉	サンマと長ねぎの梅大葉焼き	P.18
		ビビンパ	P.73
か	カジキマグロ	カジキと赤玉ねぎのレモンナンプラー焼き	P.08
		カジキとじゃがいも、いんげんの七味焼き	P.80
	カツオの削り節	豚と野菜のオイル焼き、カツオ節風味	P.83
	カッテージチーズ	れんこんのみそカッテージチーズ焼き	P.58
	かぶ	かぶと牛肉のコチュジャン焼き	P.20
	かぼちゃ	かぼちゃとパプリカのココナッツグラタン	P.33
		かぼちゃのナンプラー酢焼き	P.62
	カマンベールチーズ	タラと白菜のカマンベールしょうゆ焼き	P.23
	カリフラワー	カリフラワーとマッシュルームの豆乳みそグラタン	P.30
き	キムチ(白菜)	ビビンパ	P.73
	キャベツ	キャベツの桜エビオイル焼き	P.57
	牛薄切り肉	かぶと牛肉のコチュジャン焼き	P.20
	牛かたまり肉	牛肉とれんこんの塩麹焼き	P.93
	牛ひき肉	牛肉となすの和風ムサカ	P.90
	ぎんなん(水煮)	長ねぎと鶏肉の白みそ山椒ドリア	P.70
く	クミン	さつまいもと白いんげん豆のグラタン(シード)	P.32
		じゃがいものチーズクミン焼き(パウダー)	P.59
		にんじんのクミンパン粉焼き(パウダー)	P.61
		タイのレモンスパイス塩釜(シード)	P.84
		牛肉となすの和風ムサカ(パウダー)	P.90
	栗(渋皮煮または甘栗)	鶏肉と栗のレモングラス焼き	P.76
	クリームチーズ	じゃがいものチーズクミン焼き	P.59
	グリーンアスパラガス	タイのレモンスパイス塩釜	P.84
	くるみ	タラと白菜のカマンベールしょうゆ焼き	P.23
		バナナの黒糖グラタン	P.37
		にんじんのクミンパン粉焼き	P.61
こ	ココナッツミルク	かぼちゃとパプリカのココナッツグラタン	P.33
	コチュジャン	かぶと牛肉のコチュジャン焼き	P.21
		ピーツのコチュジャンマリネ焼き	P.49
	粉山椒	豚バラ肉とさつまいもの塩山椒焼き	P.10
		れんこんのみそカッテージチーズ焼き	P.58
		長ねぎと鶏肉の白みそ山椒ドリア	P.70
	ごぼう	豚肉とごぼうの和風ミートローフ	P.22
		ひじきとごぼうのドリア	P.66
	子ヤリイカ	イカとセロリのパクチーだれ焼き	P.25
	桜エビ	キャベツの桜エビオイル焼き	P.56
さ	サケ	サケときのこの生わさび焼き	P.27
		和パエリア	P.72
		サケとアサリの紙包み焼き	P.86
	酒かす	アボカドの酒かす焼き	P.42
	ザーサイ	豚肉ときのこのザーサイマリネ焼き	P.78

	さつまいも	豚バラ肉とさつまいもの塩山椒焼き	P.10
		さつまいもと白いんげん豆のグラタン	P.32
	里いも	里いものピーナッツバターソース焼き	P.46
	さやいんげん	カジキとじゃがいも、いんげんの七味焼き	P.80
		きのことソーセージのもちピザ	P.94
	サワークリーム	なすのサワークリーム山椒焼き	P.52
	サンマ	サンマと長ねぎの梅大葉焼き	P.18
し	しいたけ	ホタテとしいたけの柚子こしょうマヨネーズ焼き	P.20
		しいたけの辛み焼き	P.55
		タラコときのこのドリア	P.68
		鶏手羽のオイスター紙包み焼き	P.89
	塩麹	牛肉とれんこんの塩麹焼き	P.93
	塩昆布	長ねぎの塩昆布焼き	P.50
	ししとう	ビーツと豚肉のラー油にんにく焼き	P.82
	シナモン	桃とシナモンの豆乳グラタン	P.36
	しめじ	サケときのこの生わさび焼き	P.27
		きのことソーセージのもちピザ	P.94
	じゃがいも	手羽先とじゃがいもの豆板醤焼き	P.28
		じゃがいもと長ねぎの白みそグラタン	P.35
		じゃがいものチーズクミン焼き	P.59
		カジキとじゃがいも、いんげんの七味焼き	P.80
	シュレッドチーズ	カリフラワーとマッシュルームの豆乳みそグラタン	P.30
		さつまいもと白いんげん豆のグラタン	P.32
		かぼちゃとパプリカのココナッツグラタン	P.33
		じゃがいもと長ねぎの白みそグラタン	P.35
		ひじきとごぼうのドリア	P.66
		タラコときのこのドリア	P.68
		アサリとたけのこのドリア	P.69
		長ねぎと鶏肉の白みそ山椒ドリア	P.70
	白いんげん豆	さつまいもと白いんげん豆のグラタン	P.32
す	すだち	カキと生ハムのすだち焼き	P.16
		サケときのこの生わさび焼き	P.27
		和パエリア	P.72
		豚と野菜のオイル焼き、カツオ節風味	P.83
	スナップえんどう	和パエリア	P.72
		サケとアサリの紙包み焼き	P.88
せ	せり	エビのガーリックしょうゆ焼き	P.64
	セロリ	イカとセロリのパクチーだれ焼き	P.25
そ	ソーセージ	きのことソーセージのもちピザ	P.94
た	タイ	タイのレモンスパイス塩釜	P.84
	たけのこ	アサリとたけのこのドリア	P.69
	玉ねぎ	さつまいもと白いんげん豆のグラタン	P.32
		かぼちゃとパプリカのココナッツグラタン	P.33
		なすのトマトみそグラタン	P.34
		イワシのアジア焼き	P.44
		丸ごと玉ねぎの豆豉焼き	P.60
		ムール貝のレモン焼き	P.65
		アサリとたけのこのドリア	P.69
		和パエリア	P.72
		鶏肉と栗のレモングラス焼き	P.76
		豚と野菜のオイル焼き、カツオ節風味	P.83
		サケとアサリの紙包み焼き	P.86
		牛肉となすの和風ムサカ	P.90
	タラ	タラと白菜のカマンベールしょうゆ焼き	P.23
	タラコ	タラコときのこのドリア	P.68
	ちりめんじゃこ	ビビンパ	P.73
ち	甜麺醤	豚肉とピーマンの甘みそ焼き	P.14
て	豆豉	丸ごと玉ねぎの豆豉焼き	P.60
と	豆乳	カリフラワーとマッシュルームの豆乳みそグラタン	P.30
		桃とシナモンの豆乳グラタン	P.36

おわりに

オーブン料理は真夏以外は我が家ではよく登場する料理です。
美味しさの魅力は外側はこんがり、中はしっとりと仕上がること。
何といっても、オーブンまかせにできることが本当にうれしい。

今回、「和とアジアのオーブンレシピ」というお題をいただきましたが、
オーブン料理というとどうしても洋食のイメージが強いので
どうしたらいいのか、最初はいろいろ迷いながらのスタートでした。

オーブンといえば、華やかな料理を得意とするところですが
それだけではなく、「和」や「アジア」の調味料を使って、
なれ親しんだ味、白いごはんに合うお料理も作ってもらいたい。
というこの本の編集者さんの熱い思いで、どういうものが作りやすいか、
どうしたら美味しくできるか、
あれこれ考えたのがこの本に掲載したレシピです。

定番のオーブン料理から少し目線をかえて、
白いごはんにあう、誰もが大好きなオーブンのおかずができたと思います。

私の大好きなアジアの食材や調味料も使用し
新しいオーブン料理をたくさん載せました。
こちらも楽しんでみてください。

お酒はもちろん、白いごはんにのせたり、麺にからめたり、
家族も大好きな味をぜひ作っていただけたらと思います。

この本が、ボロボロになるくらい愛されるレシピになりますように。

ワタナベマキ